Barbara Müller

Stickmuster aus der Toskana

Schätze der Florentiner Stickerei

Barbara Müller

Stickmuster aus der Toskana

Schätze der Florentiner Stickerei

rosenheimer

An dieser Stelle möchte ich mich ganz herzlich
bei all meinen fleißigen Helfern bedanken!

Marianne und Bettina Müller
stickten die Bodenkissen

Marlies Müller
den Klavierhocker

Beatrix Esche
den großen Kragen

und Jörg Esche
stickte den Stuhlbezug

Inhalt

Florentiner Stickerei

nennt man sie in deutschsprachigen Ländern, im Englischen heißt sie *Bargello* und in Italien sagt man *punto fiamma* (Flammenstich). Auch die Bezeichnungen *Wasserstich* oder *ungarischer Stich* kann man gelegentlich finden.

Wenn ich erklären sollte, was Florentiner Stickerei ist, würde ich sie als »stickbares Thema mit Variationen« bezeichnen. Das Thema ist gezählter Plattstich und die unendlichen Variationsmöglichkeiten entstehen durch unterschiedliche Stichlängen und Farben. Vor allem das Spiel mit den Farben ist wichtig – ob gedämpft oder kunterbunt, ob Ton in Ton abgestuft oder nur einfarbig – der Reiz, der von der Florentiner Stickerei ausgeht, liegt vor allem in der Farbe.

Die Technik ist sehr alt. Ganz frühe Stücke findet man schon im 13. Jahrhundert. So recht in Mode gekommmen ist die Stickerei aber erst im 17. Jahrhundert. Ihr genauer Ursprung ist leider nicht erforscht. Nur einige Geschichten gibt es darüber. Eine ungarische Prinzessin, so wird erzählt, habe einst einen jungen Mann aus der Familie Medici in Florenz geheiratet. Ihre Brautausstattung war aufs Schönste mit Stickereien im ungarischen Stich verziert. Natürlich lehrte sie die entzückten Damen am Florentiner Hof diese Kunst.

Eine andere Geschichte will uns glauben machen, dass Gefangene, die im Palazzo del Bargello ihre Strafe absaßen, mit dieser Stickerei beschäftigt wurden. Falls Sie den Palast kennen, in dem heute das National-Museum untergebracht ist, wird Sie diese Geschichte sicher nicht überzeugen.

Wo immer diese Stickerei auch entstanden sein mag – sie fand schnell viele Anhänger in ganz Europa – und mit den englischen Auswanderern kam sie gar noch nach Amerika. Dort allerdings entwickelte sie sich ganz eigenständig. Man stickte in sehr bunten Farbkombinationen.

In unserer Zeit ist die Florentiner Stickerei leider aus der Mode gekommen. Dabei wäre diese rationellste Möglichkeit, größere Flächen kostbar zu gestalten, doch unserem chronischen Zeitmangel angepasst.

Ich würde mich freuen, wenn dieses Buch die alte Kunst der Florentiner Stickerei wieder in die Gegenwart holen könnte.

Viel Freude an der Arbeit
und viel Lob für gelungene Stücke
wünscht Ihnen
Barbara Müller

Anwendungsmöglichkeiten

Die klassische Verwendung für die Florentiner Stickerei ist die Tapisserie. Stühle, Sessel, Bettbespannungen – ja ganze Wandverkleidungen hat man so bestickt.

Sicher wird heute niemand so viel Zeit haben, dass er ganze Wände mit Stickerei gestaltet. Aber so mancher alte Stuhl oder Fußschemel kommt mit einem edlen Bezug wieder zu neuen Ehren.

Wählt man das Material etwas feiner, eignet sich die Florentiner Stickerei gut für Sofakissen.

Ganz fein – mit Sticktwist auf Siebleinen gearbeitet – sieht diese Stickerei besonders edel aus. Den großen Kragen zum „kleinen Schwarzen" finde ich sehr schön (Foto S. 9). Vielleicht hätten Sie aber lieber ein schönes Abendtäschchen, farblich passend zum neuen Kleid?

Wo immer ein Flächenmuster gebraucht wird, eignet sich die Florentiner Stickerei besonders gut. Daraus ergibt sich allerdings auch, dass sie für Bordüren, z. B. auf Tischdecken oder Schrankborten, völlig ungeeignet ist. Wirkungsvoll ist sie nur auf Flächen.

Zur Auswahl der Muster

Wählen Sie das Muster so, dass es in der Größe des Rapports (= Mustersatz) zu den Maßen des zu bestickenden Gegenstandes passt. Wenn beispielsweise auf einem Schemelpolster der Rapport nur zweimal zu sehen ist, dann kommt der Reiz der Florentiner Stickerei nicht voll zur Geltung. Es sollten immer mehrere Rapporte in Breite und Höhe zu sehen sein.

Beachten Sie bei der Auswahl unbedingt die Fernwirkung der Muster. Wenn Sie das Buch etwas weiter weg legen, werden Sie beim Betrachten feststellen, dass manche der Muster plastisch wirken. Das kann für die Auswahl ein wichtiger Gesichtspunkt sein.

Alle Wellen- und Zackenmuster lassen sich ganz einfach verändern. Sie brauchen dazu nämlich nur die Stichlänge – 4 oder 6 Fäden – zu variieren. Ein Muster, das im Buch über 4 Fäden angegeben ist, wirkt steiler, wenn es über 6 Fäden gestickt wird. Ein 6-fädiges, das man über 4 Fäden stickt, wirkt dagegen flacher. Auf Seite 18 finden Sie eine Grafik, die diese Wirkung zeigt.

Auch die Rapporte lassen sich leicht verändern. Wenn Sie mit der einfachen Technik erst einmal vertraut sind, werden Sie merken, dass die Variationsmöglichkeiten geradezu unbegrenzt sind.

Zur Auswahl des Materials

Praktisch kann man auf jeder Art von zählbarem Untergrund sticken. Dabei richtet sich die Stärke von Stramin bzw. Stoff und Garn immer nach dem Gegenstand, den Sie arbeiten wollen. Für Tapisseriearbeiten sollten Sie grundsätzlich Stickwolle verwenden. Diese ist zwar viel teurer als Strickwolle, dafür aber auch entschieden haltbarer. *Auf jeden Fall ist es wichtig, dass die Stickerei den Untergrund völlig abdeckt.*

Der Untergrund

Für Wollstickerei eignet sich als Untergrund einfädiger Stramin am besten. Er muss so hart geleimt sein, dass sich die einzelnen Fäden beim Durchziehen der Wolle nicht wesentlich verschieben.

Für alle Stuhlbezüge und die großen Kissen, die im Buch abgebildet sind, wurde Stramin mit 52 Fäden auf 10 cm verwendet. Die ⚓**Anchor** Tapisserie Wolle von Coats Mez deckt diesen Stramin sehr gut ab. Für feinere Wollstickerei (z. B. Sofakissen) kann man Stramin mit 70 Fäden auf 10 cm mit ⚓**Anchor** Orchidee Stickwolle besticken. Mit ⚓**Anchor** Sticktwist (Spaltgarn) kann man auf allen zählbaren Stoffen sticken. Als besonders geeignet hat sich Siebleinen erwiesen. Man muss die Fäden so teilen, dass die Stickerei den Untergrund zwar völlig bedeckt, aber trotzdem nicht zu dick wird.

Das Stickgarn

In der Florentiner Stickerei wird immer nur eine Garnart in einer Arbeit verwendet. Die Variationen liegen allein in der Farbe – nicht in Stärke und Sorte.

Die klassischen Materialien sind eigentlich nur Wolle und Seide. Statt Seide kann man aber ebenso Sticktwist verwenden. Er glänzt sehr schön, ist in vielen Farben erhältlich und nicht zu teuer. Die Farbangaben zu den Wollmustern beziehen sich alle auf ⚓ **Anchor** Tapisserie Wolle von Coats Mez, die kleinen Muster sind mit ⚓ **Anchor** Sticktwist gearbeitet. Meine Farbangaben sollen aber lediglich Anregungen sein, falls Sie nicht so geübt sind im Umgang mit Farben. Im Zweifelsfall ist es sicherlich besser, nicht zu bunt, sondern zunächst mit einer Farbe in auf- und absteigenden Tönen zu sticken.

Die Nadel

Man verwendet stumpfe Sticknadeln in passender Stärke (für Wolle z. B. Nr. 18). Mit diesen sticht man sich nicht in die Finger und man gerät auch nicht in die vorhergehende Stickreihe. Die Fäden sollen nämlich nur nebeneinander bzw. übereinander liegen. Wenn man sie ansticht, verschwimmen die Konturen.

Praktische Arbeitshinweise

Der Schnitt

Am besten Sie zeichnen die Schnittteile auf den Untergrund, bevor Sie zu sticken beginnen. Also z. B. die Umrisse der Tasche plus Nahtzugabe.

Wenn Sie einen Stuhlbezug arbeiten wollen und nicht sehr versiert in Polsterarbeiten sind, sollten Sie den Schnitt von einem Fachmann anfertigen lassen. Es lohnt sich ganz sicher auch, ihm die fertige Stickerei zur Verarbeitung anzuvertrauen. Kalkulieren Sie unbedingt ein, dass die Stickerei auf Stramin ein wenig schrumpft.

Das Spannen

Die fertige Straminstickerei sollten Sie, falls sie verzogen ist, vor der Verarbeitung spannen. Dazu nagelt man sie, z. B. mit dem Tacker in der richtigen Form auf ein Brett, feuchtet sie gut an und lässt sie trocknen.

Kleinere Straminstücke kann man von hinten feucht bügeln, in Form ziehen und nochmals – abgedeckt – trocken bügeln. Wenn der Stramin kalt wird, ist er in Form und auch wieder steif. Für Stickereien auf Stoff müssen Sie unbedingt einen Stickrahmen verwenden. Nur so erhält man eine gleichmäßige Fadenspannung.

Arbeitsbeginn

Man stickt im Allgemeinen von rechts nach links. Beginnen Sie also mit der Grundreihe nach dem Zählmuster (an seiner tiefsten Stelle) in der rechten unteren Ecke. Zählen Sie diese Reihe besonders sorgfältig. Fehler, die hier entstehen, ziehen sich durch die ganze Arbeit fort. Die Rapporte sind am Anfang und Ende mit x gekennzeichnet. Bei Stickwolle empfiehlt es sich, keine Knoten zu machen, denn sie lösen sich selbstständig wieder auf. Man lässt einfach ein Stück Faden auf der Rückseite hängen und vernäht es später. Alle folgenden Reihen können gleich eingenäht werden.

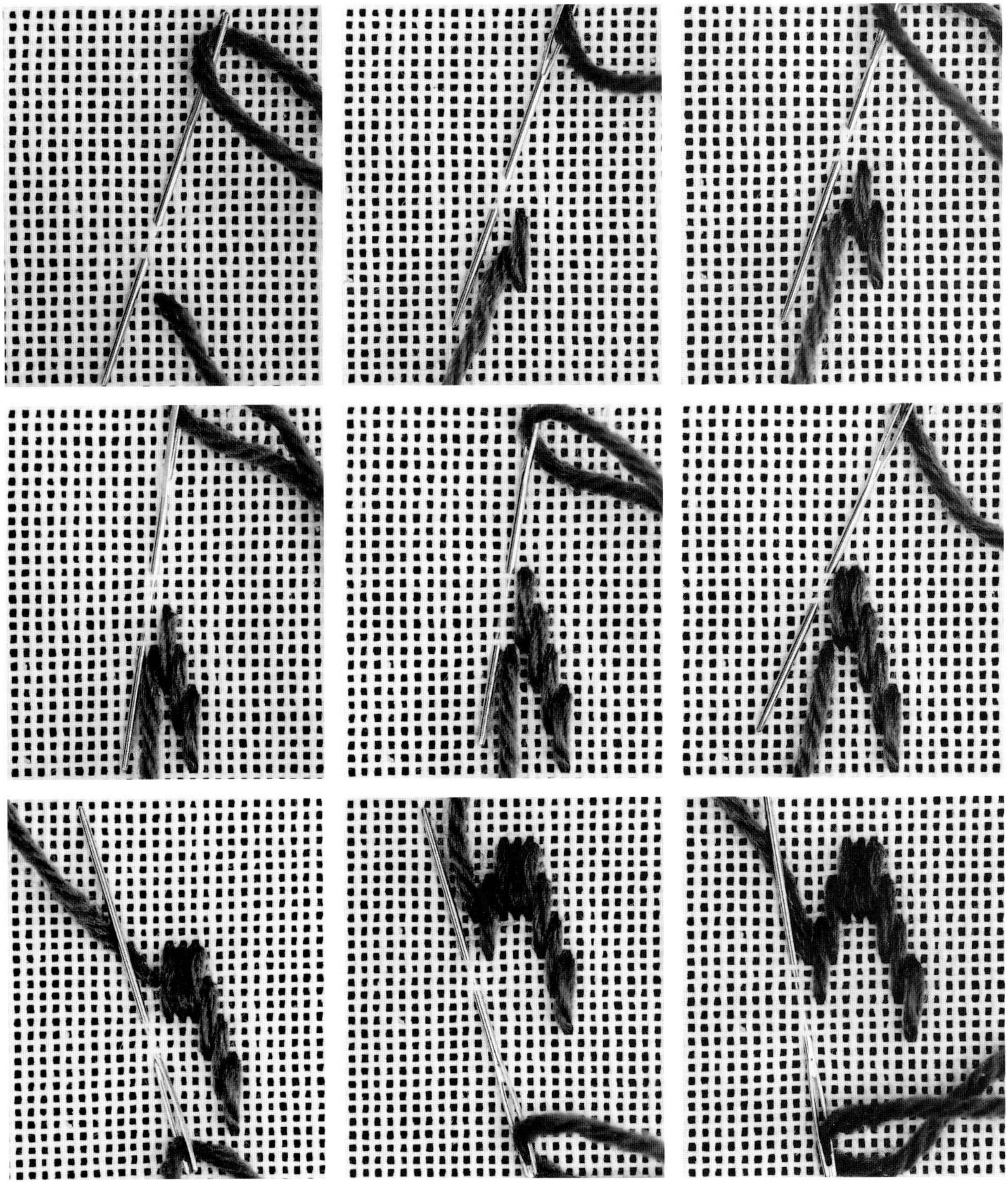

Entnehmen Sie bitte der Fotoreihe die rationellste Stichweise, die nach der folgenden Grafik gestochen wurde.

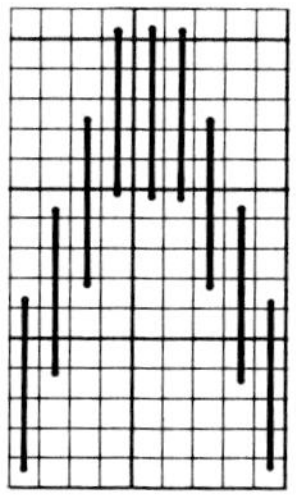

Nun sticken Sie Reihe für Reihe nach oben. Am oberen Rand werden die Stiche sinngemäß verkürzt, also auf die halbe Stichlänge, damit die Begrenzung richtig eingehalten wird. Zum Schluss ergänzt man die Stickerei zum unteren Rand hin in gleicher Weise.

Die Gittermuster beginnt man besser nicht am Rand, sondern weiter in der Mitte. Sticken Sie zuerst einen größeren Teil der Begrenzungen und dann erst die Füllung. Fäden, die Sie im Augenblick nicht brauchen, lassen Sie am besten auf der Vorderseite der Arbeit hängen.

Wenn Sie ein größeres Stück gestickt haben, ist Ihnen das Muster so geläufig, dass Sie die Randbegrenzungen sinngemäß einhalten können.

Wellenmuster

In der südlichen Toskana, nahe der Grenze zu Latium, ist die Landschaft sanft gewellt. Die Straßen führen auf und ab. Jede Hügelkuppe bietet neue, traumhafte Ausblicke. Im Frühsommer blühen Ginster und Klee und die Luft ist voll von ihrem Duft.

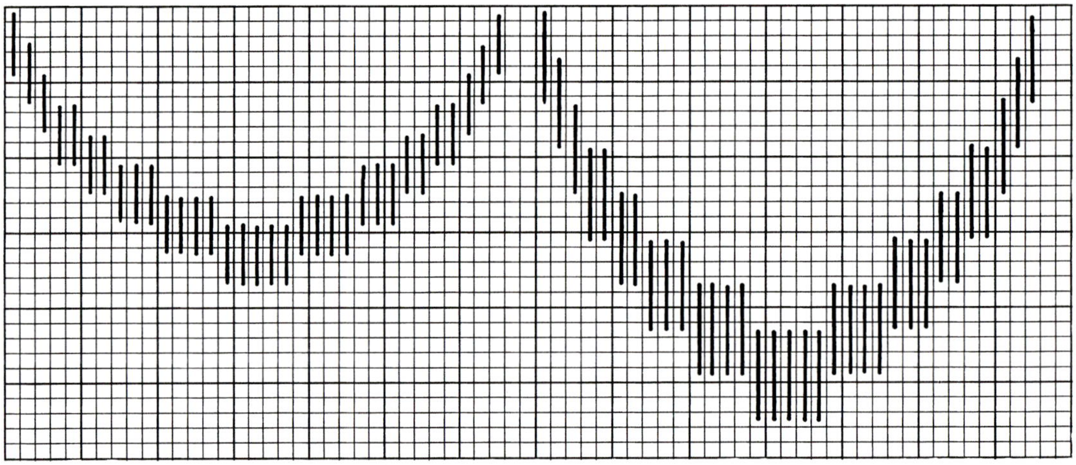

Zweimal der gleiche Bogen

Linker Bogen: 4 Fäden hoch, um 2 Fäden nach oben oder unten versetzt. Die blaue Wollstickerei (rechte Seite) wurde so gestickt.
Rechter Bogen: 6 Fäden hoch, um 3 Fäden nach oben oder unten versetzt. Dadurch wirkt der Bogen viel tiefer.
Das kleine Foto mit der roten Twiststickerei zeigt eine völlig andere Wirkung.

Tapisserie-Wolle:	
Helles Blau	Nr. 8814
Mittleres Blau	Nr. 8834
Dunkleres Blau	Nr. 8836
Dunkles Blau	Nr. 8838

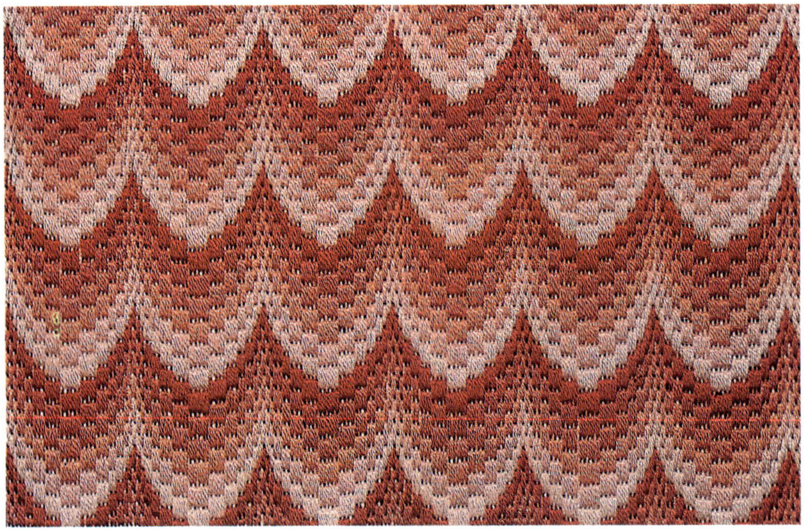

Sticktwist:	
Hellstes Rot	Nr. 1020
	Nr. 1021
	Nr. 1022
	Nr. 1023
bis	Nr. 1024
Dunkelstes Rot	Nr. 1025

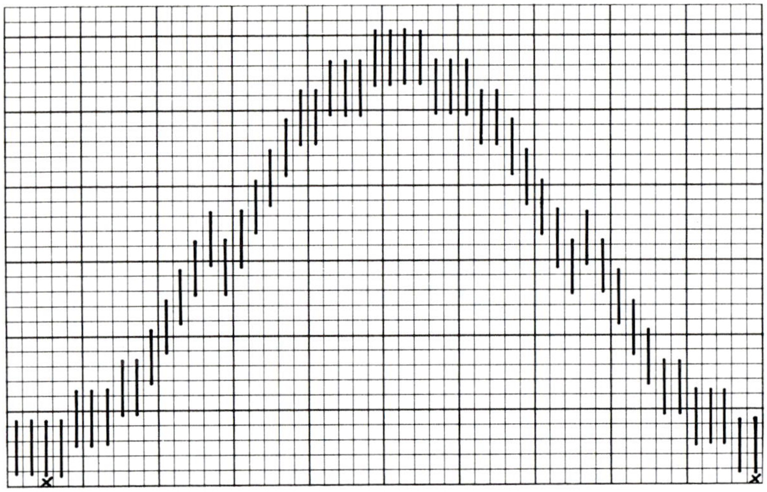

Tapisserie-Wolle:

Hellstes Grün	Nr. 9254
Helles Grün	Nr. 9258
Mittleres Grün	Nr. 9262
Dunkles Grün	Nr. 9208
Weiß	Nr. 8032
Hellstes Braun	Nr. 9386
Helles Braun	Nr. 9426
Mittleres Braun	Nr. 9410
Dunkles Braun	Nr. 9664
Rosa	Nr. 8364
Dunkles Rosa	Nr. 8368
Rot	Nr. 8350
Dunkles Rot	Nr. 8354

Dieses klassische Muster wirkt dreidimensional, wenn man es aus einer etwas größeren Entfernung betrachtet.

Nach dem gleichen Zählmuster, allerdings über 6 Fäden, um 3 Fäden versetzt (s. Grafik S. 18) wurde das untenstehende Muster gestickt.

Sticktwist:

Hellstes Rosa	Nr. 1016
	Nr. 1017
	Nr. 1018
bis	Nr. 1019
Dunkelstes Rot	Nr. 897

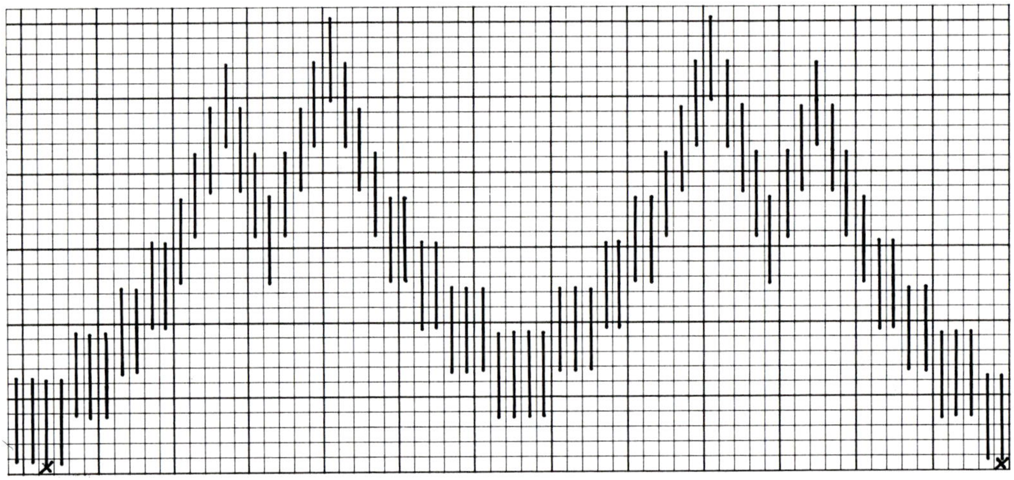

Tapisserie-Wolle:	
Dunkelstes Grün	Nr. 8904
Rot	Nr. 8354
Dunkelstes Grün	Nr. 8904
Helleres Grün	Nr. 8882
Grau	Nr. 8732
Helleres Grün (2 mal)	Nr. 8882

Dreidimensional und viel ruhiger wirkt das gleiche Muster, wenn man es in laufenden Farbabstufungen stickt.

Sticktwist:	
Hellstes Braun	Nr. 366
	Nr. 367
	Nr. 368
	Nr. 369
	Nr. 370
	Nr. 371
	Nr. 358
bis	Nr. 360
Dunkelstes Braun	Nr. 381

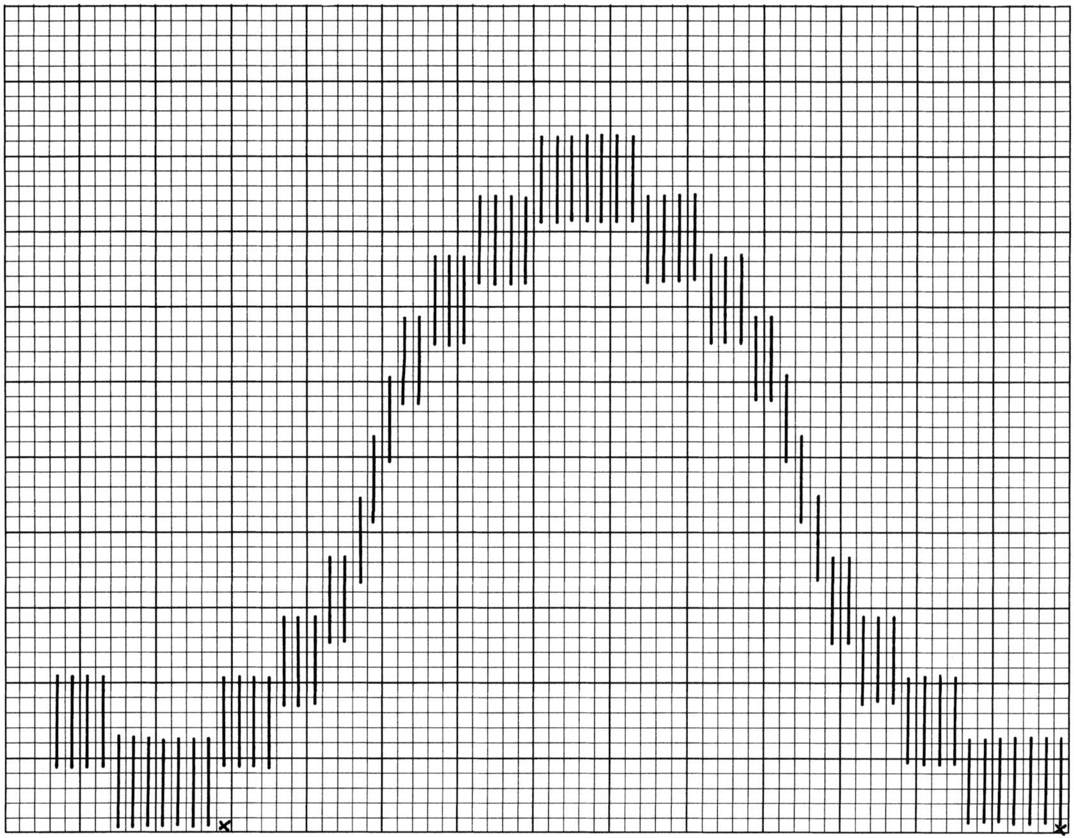

Dieses Muster fand ich auf einem alten Stickmustertuch aus dem Jahr 1736. Dort ist es blau, rot, gold und grün gestickt und zwar in jeweils drei abgestuften Farbtönen. Die Bögen sind sehr groß und eignen sich daher besonders gut für einen Möbelbezug. Wenn die Farben zur Einrichtung passen, ist auch die bunte Variante sehr schön.

Tapisserie-Wolle:

Hellstes Rosenholz	Nr. 9612
	Nr. 9614
	Nr. 9616
	Nr. 9618
	Nr. 9620
bis	Nr. 9622
Dunkelstes Rosenholz	Nr. 9624

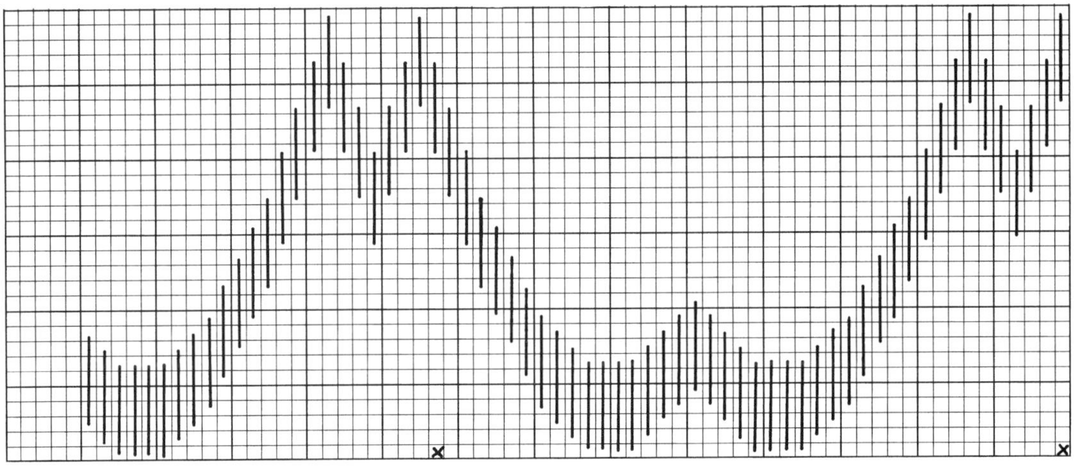

Sticken Sie die 1. Reihe besonders sorgfältig, denn durch die unterschiedliche Versetzung der Fäden verzählt man sich leicht.

Tapisserie-Wolle:

Rohweiß		Nr. 8006
Graugrün	hellst	Nr. 9072
	hell	Nr. 9076
	mittel	Nr. 9078
	dunkel	Nr. 9082

Flächiger und ruhiger wirkt das Muster, wenn Sie es in laufenden Grautönen sticken.

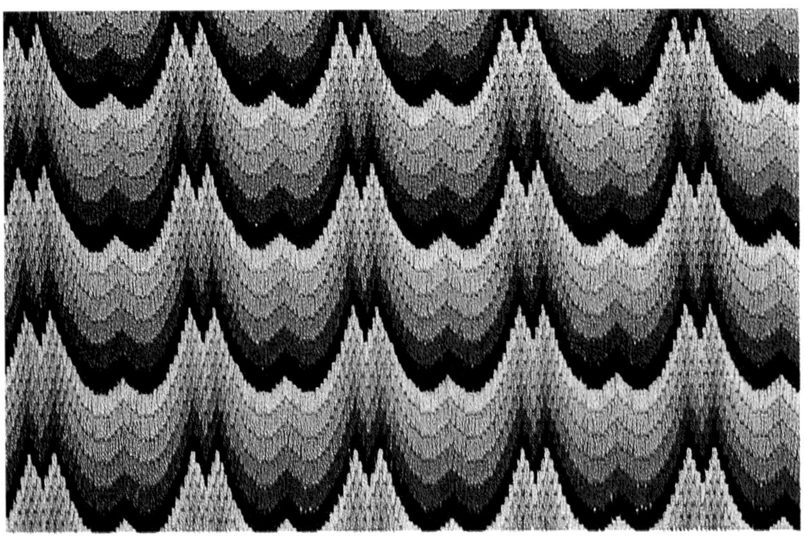

Sticktwist:

Schwarz	Nr. 403
Dunkelstes Grau	Nr. 236
	Nr. 235
	Nr. 399
bis	Nr. 398
Hellstes Grau	Nr. 234

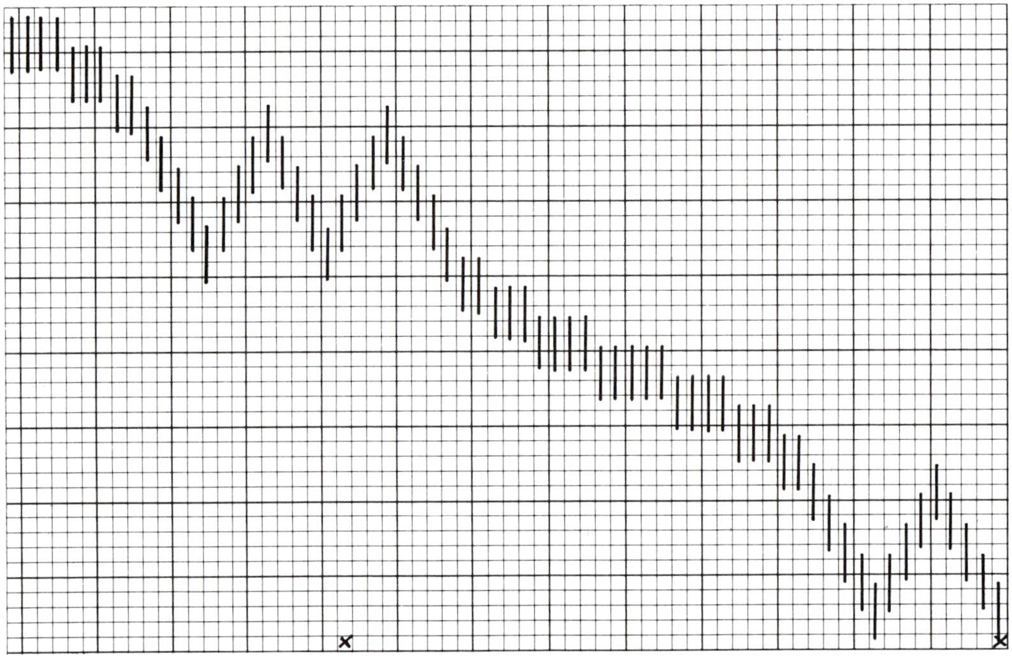

Tapisserie-Wolle:

Dunkelstes Braun	Nr. 9664
Dunkles Braun	Nr. 9410
Mittleres Braun	Nr. 9426
Helles Braun	Nr. 9386
Weiß	Nr. 8032

Ein völlig neues Muster entstand, als ich dieses Zählschema über 6 Fäden (um 3 versetzt) stickte und noch eine dritte Zacke einfügte.

Sticktwist:

Hellstes Rosa	Nr. 892
	Nr. 893
	Nr. 894
	Nr. 895
	Nr. 896
bis	Nr. 897
Dunkelstes Rosa	Nr. 1027

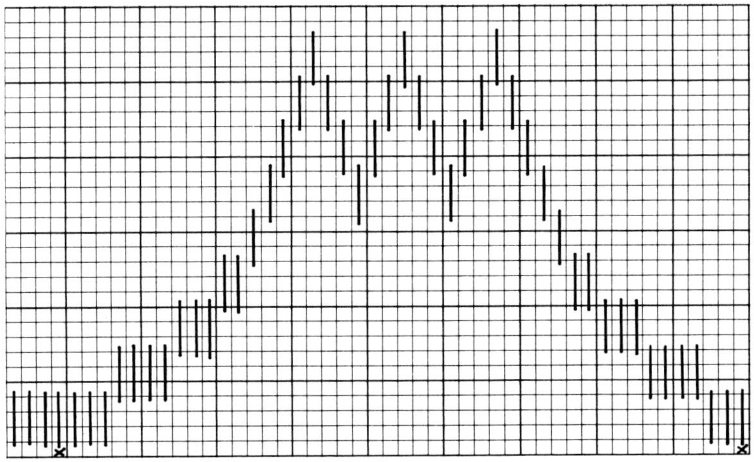

Dieses Muster wird über 4 Fäden gestickt und jeweils um 3 Fäden nach oben oder unten versetzt. Es wirkt dadurch etwas unruhig und eignet sich nur für größere Flächen, etwa Stuhlbezüge. Man könnte es aber auch um 2 Fäden versetzen, dann wirken die Bögen flacher und ruhiger.

Tapisserie-Wolle:

Helles Grün	Nr. 9076
Dunkles Grün	Nr. 9082
Dunkles Gelb	Nr. 8046
Mittleres Gelb	Nr. 8042
Helles Gelb	Nr. 8038

Nach diesem Zählschema (allerdings über 5 Fäden, um 2 Fäden versetzt) wurde eines der drei Bodenkissen (Foto S. 94) gestickt. Das Kissen ist mit kräftigem blauem Filz verarbeitet und der Randwulst mit Wattevlies gefüllt.

Tapisserie-Wolle:

Helles Grau	Nr. 9790
Dunkles Grau	Nr. 9794
Dunkles Grau	Nr. 9796
Helles Blau	Nr. 8690
Dunkles Blau	Nr. 8692

Tapisserie-Wolle:	
Rot	Nr. 8354
Helles Gelb	Nr. 8038
Dunkles Gelb	Nr. 8042
Grün	Nr. 9264
Dunkles Gelb	Nr. 8042
Helles Gelb	Nr. 8038

In laufenden Grau- und Rosatönen gestickt sieht dieses Muster sehr edel aus. Da es viel ruhiger ist, wirkt es auch dreidimensional.

Sticktwist:	
Schwarz	Nr. 403
Dunkelstes Grau	Nr. 236
	Nr. 235
bis	Nr. 399
Hellstes Grau	Nr. 234
Dunkelstes Rosa	Nr. 1019
	Nr. 1018
bis	Nr. 1017
Hellstes Rosa	Nr. 1016

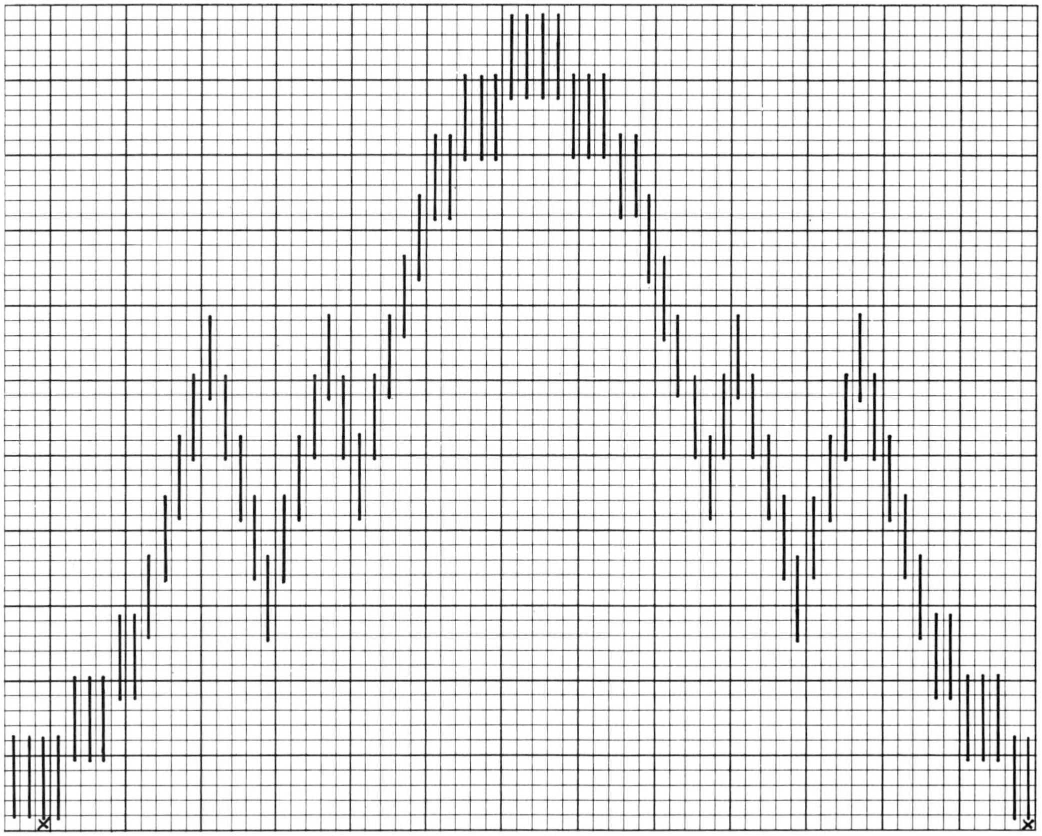

Der Rapport dieses Musters ist so groß, dass es sich nur für größere Flächen eignet (rechte Seite). Erheblich ruhiger wird der Bogen, wenn man ihn über 6 Fäden, um 3 Fäden versetzt stickt (unten).

Tapisserie-Wolle:

Helles Rosa	Nr. 8342
Rosa	Nr. 8364
Helles Rot	Nr. 8368
Rot	Nr. 8350
Dunkles Rot	Nr. 8354
Schwarz	Nr. 9800

Sticktwist:

Hellstes Grau	Nr. 234
	Nr. 398
	Nr. 399
	Nr. 235
bis	Nr. 400
Dunkelstes Grau	Nr. 236
Schwarz	Nr. 403
Blau	Nr. 132

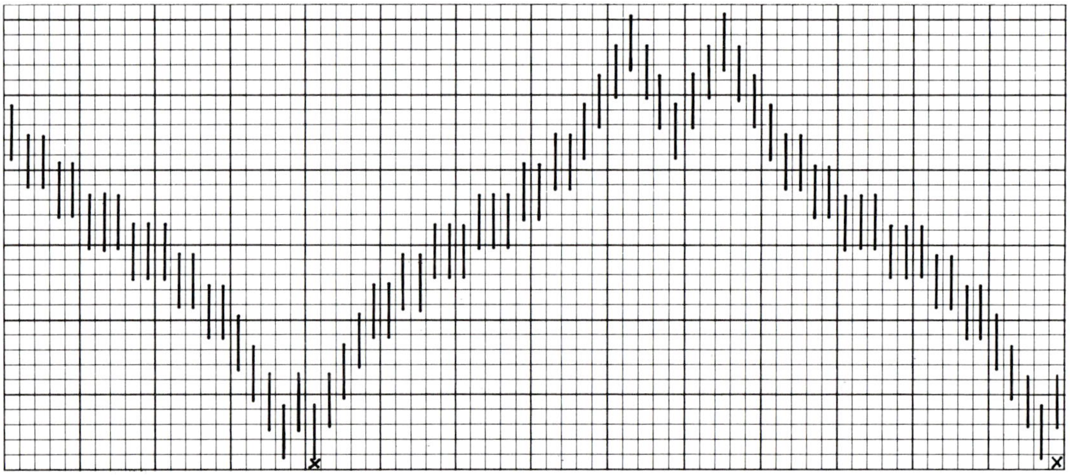

Tapisserie-Wolle:	
Weiß	Nr. 8032
Türkis	Nr. 8878
Weiß	Nr. 8032
Helles Violett	Nr. 8544
Mittleres Violett	Nr. 8548
Dunkles Violett	Nr. 8550
Mittleres Violett	Nr. 8548
Helles Violett	Nr. 8544

Ganz anders sieht dieses Muster aus, wenn man es über 6 Fäden, um 3 Fäden versetzt stickt. Der Bogen wird steiler und die Fläche wirkt dreidimensional.

Sticktwist:	
Hellstes Rosa	Nr. 892
	Nr. 893
	Nr. 894
	Nr. 895
	Nr. 1027
bis	Nr. 896
Dunkelstes Rosa	Nr. 897
Hellstes Grün	Nr. 1042
	Nr. 875
	Nr. 876
bis	Nr. 878
Dunkelstes Grün	Nr. 879

Streifenmuster

Neben dem Portal des Domes von Siena steht diese wunderschöne Marmorsäule. Ihre schrägen Streifen sind zum Teil ganz blank von den vielen Händen, die sie berühren.

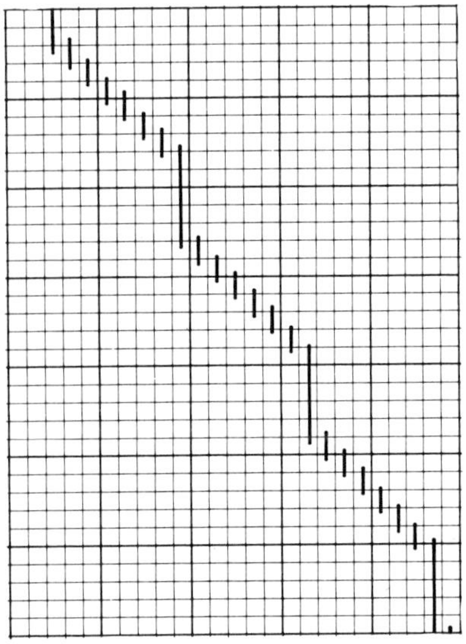

Tapisserie-Wolle:	
Weiß	Nr. 8032
Hellstes Grün	Nr. 9254
Helles Grün	Nr. 9258
Mittleres Grün	Nr. 9262
Dunkles Grün	Nr. 9264

Dunkelstes Grün	Nr. 9208
Dunkles Braun	Nr. 9396
Mittleres Braun	Nr. 9410
Helles Braun	Nr. 9426
Hellstes Braun	Nr. 9386

Man stickt von rechts unten nach links oben.

Dieses treppenartige Muster wird flächiger, wenn man statt der 6 kleinen Stiche nur 4 macht.

Sticktwist:	
Hellstes Grün	Nr. 875
	Nr. 876
	Nr. 877
bis	Nr. 878
Dunkelstes Grün	Nr. 879

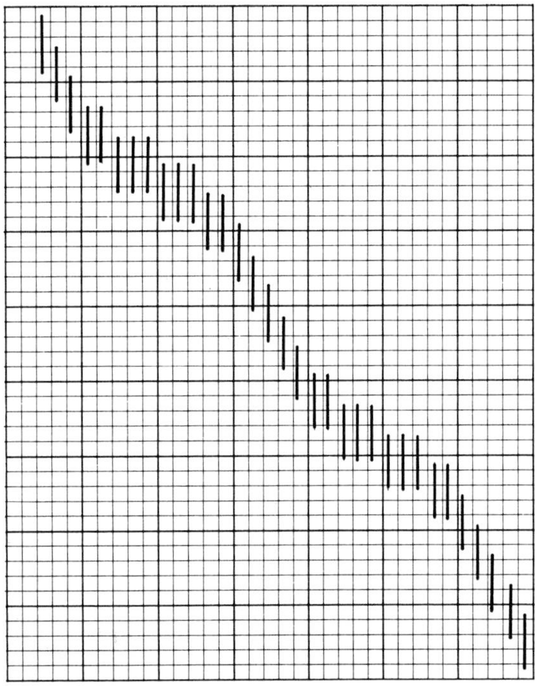

Tapisserie-Wolle:

Dunkles Grün	Nr. 9080
Mittleres Grün	Nr. 9076
Helles Grün (2 mal)	Nr. 9072
Mittleres Grün	Nr. 9076
Dunkles Grün	Nr. 9080
Rosa	Nr. 8342
Dunkles Rosa	Nr. 8368
Rot	Nr. 8350
Dunkles Rot (2 mal)	Nr. 8354
Rot	Nr. 8350
Dunkles Rosa	Nr. 8368
Rosa	Nr. 8342

Über 6 Fäden, um 3 Fäden versetzt ist das gleiche Muster auf dem kleinen Foto gestickt. Die laufenden Blautöne lassen es wie sich kräuselnde Wellen aussehen.

Sticktwist:

Weiß	Nr. 1
Hellstes Blau	Nr. 847
	Nr. 848
	Nr. 849
	Nr. 850
bis	Nr. 779
Dunkelstes Blau	Nr. 851

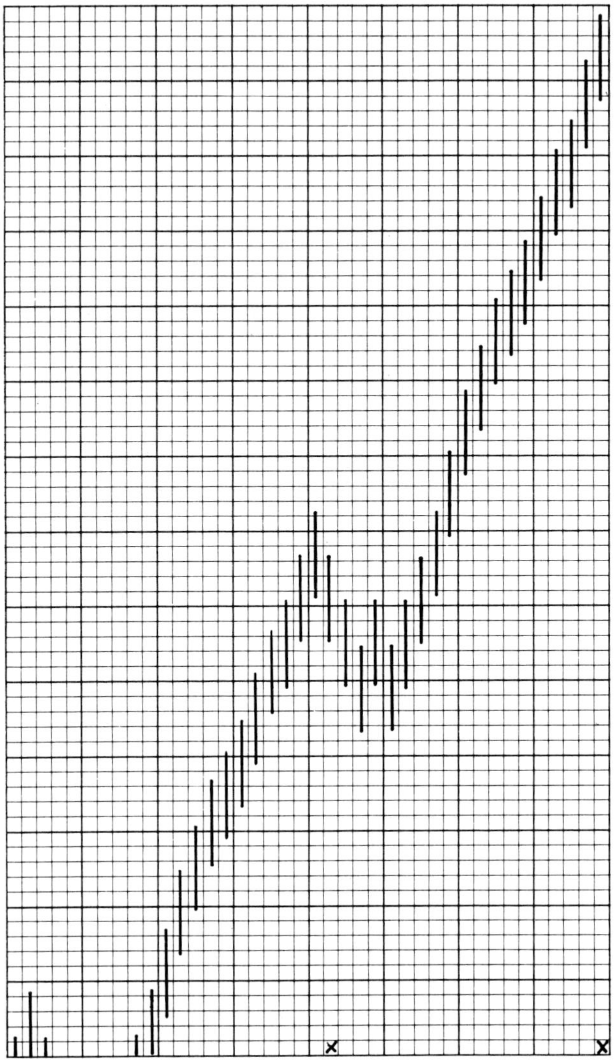

Tapisserie-Wolle:

Dunkelrot	Nr. 8354
Mittleres Rot	Nr. 8350
Hellrot	Nr. 8346
Türkis (3 mal)	Nr. 8874

Von rechts oben nach links unten arbeiten!
Am unteren Rand müssen Sie die Zacken sinngemäß fortsetzen (siehe Zeichnung). Beachten Sie bitte auch die unterschiedliche Versetzung der einzelnen Stiche.

Dieses Muster wurde für eines der Bodenkissen (Foto S. 94) gestickt. Auf der großen Fläche sieht es sehr attraktiv aus. Verarbeitet wurde es wie auf S. 30 beschrieben.

Tapisserie-Wolle:

Helles Blau	Nr. 8688
Mittleres Blau	Nr. 8690
Dunkles Blau	Nr. 8692
Dunkles Grau	Nr. 9794

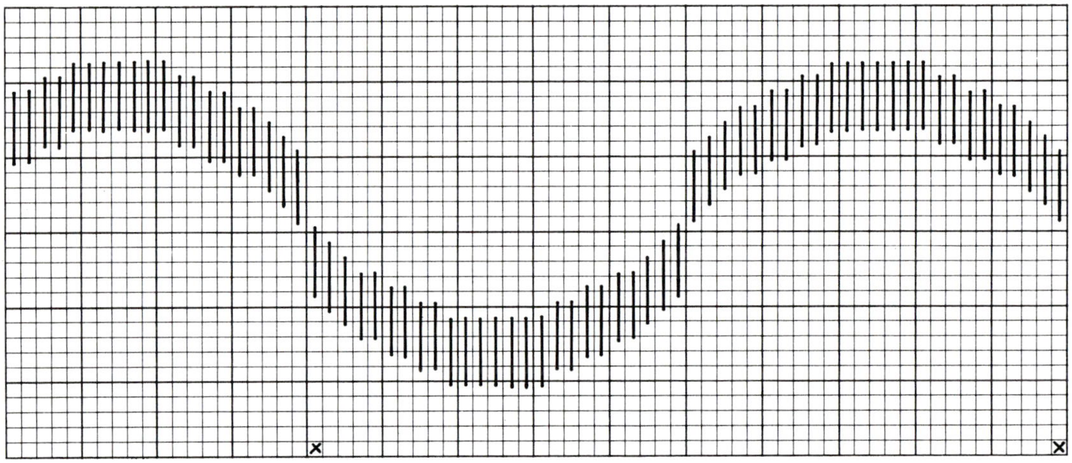

Dieses Muster wirkt aus etwas Entfernung gesehen dreidimensional. Es eignet sich daher besonders für größere Gegenstände.

Tapisserie-Wolle:

Dunkelstes Grün	Nr. 8884
Dunkles Grün	Nr. 8880
Mittleres Grün	Nr. 8876
Helles Grün	Nr. 8874
Hellstes Grün	Nr. 8872

Die dreidimensionale Wirkung des Musters bleibt auch, wenn man es zweifarbig stickt. Außerdem habe ich hier den Bogen etwas größer gestickt (7x1, 4x2, 7x1, 4x2, 7x1 Stiche, wie auf dem Schema versetzt).

Sticktwist:

Rosa	Grau
Nr. 892	Nr. 234
Nr. 893	Nr. 398
Nr. 894	Nr. 399
Nr. 895	Nr. 235
Nr. 1027	Nr. 400
Nr. 896	Nr. 236
Nr. 897	

Schwarz
Nr. 403

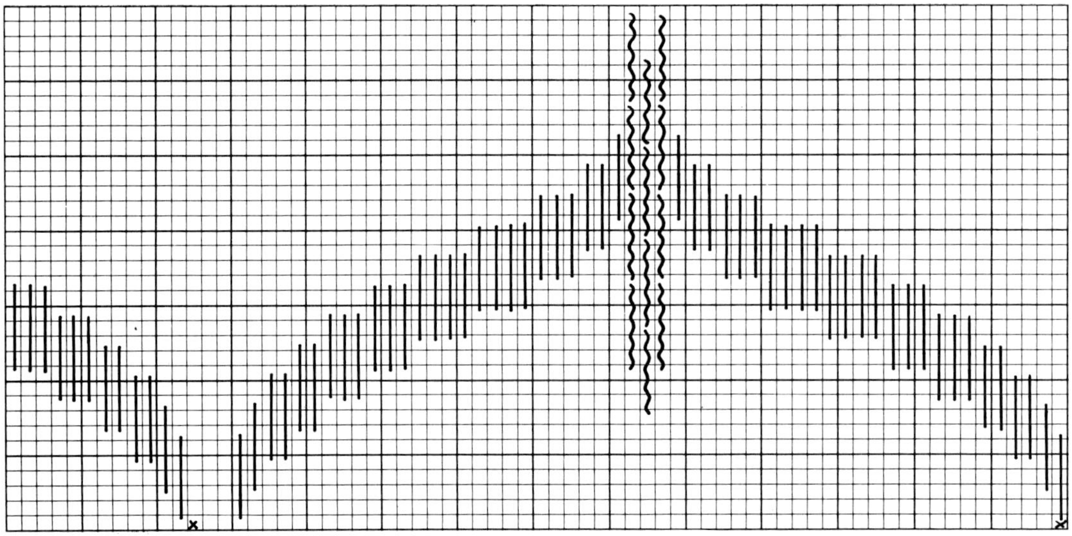

Über 6 Fäden sticken, um 2 Fäden nach oben oder unten versetzen. Die Farben wurden hier abwechselnd angeordnet, dadurch erscheint das Muster plastisch.

Tapisserie-Wolle:	
Helles Braun	Nr. 9422
Mittleres Braun	Nr. 9426
Dunkles Braun	Nr. 9664
Weiß	Nr. 8032
Helles Grün	Nr. 9072
Dunkles Grün	Nr. 9082
Für die Trennstriche	
Blau	Nr. 8740

Das Polster des oberen schwarzen Stuhles (Foto S. 2) wurde mit diesem Muster bestickt. Für alle drei Stühle wurden dieselben Farben verarbeitet.

Tapisserie-Wolle:	
Helles Grau	Nr. 8894
Mittleres Grau	Nr. 8898
Dunkles Grau	Nr. 8900
Helles Grün	Nr. 8878
Mittleres Grün	Nr. 8880
Dunkles Grün	Nr. 8884
Für die Trennstriche	
Dunkles Grün	Nr. 8906

Gittermuster

In Vinci, in Leonardos Geburtsort, steht ein kleines Haus, dessen Fassade von oben bis unten mit Jasmin bewachsen ist – im Sommer blüht er üppig und verbreitet seinen herrlichen Duft. Nur der gitterartige blaue Fensterstock ist vom Haus noch zu sehen.

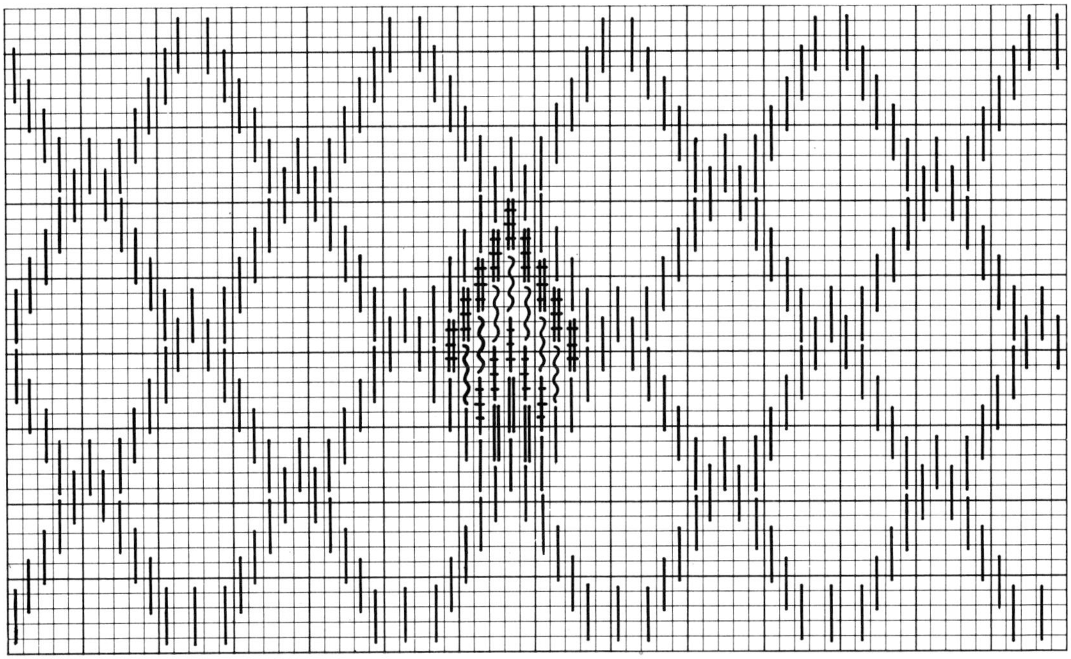

Sticken Sie zuerst nur eine größere Fläche der dunkeltürkisen Umrandung der Rhomben. Man behält so eine bessere Übersicht.

Tapisserie-Wolle:

| =	Nr. 8904	Dunkles Türkis	(8740)
‖ =	Nr. 8354	Rot	(8218)
ǂ =	Nr. 8002	Weiß	(8006)
≀ =	Nr. 8874	Helles Türkis	(8734)
‡ =	Nr. 8878	Mittleres Türkis	(8738)

Mit einer Stickerei in diesem Muster wurde ein alter Esszimmerstuhl aufgepolstert (Foto S. 1). Die Farbangaben dazu sind oben in der Klammer angegeben.

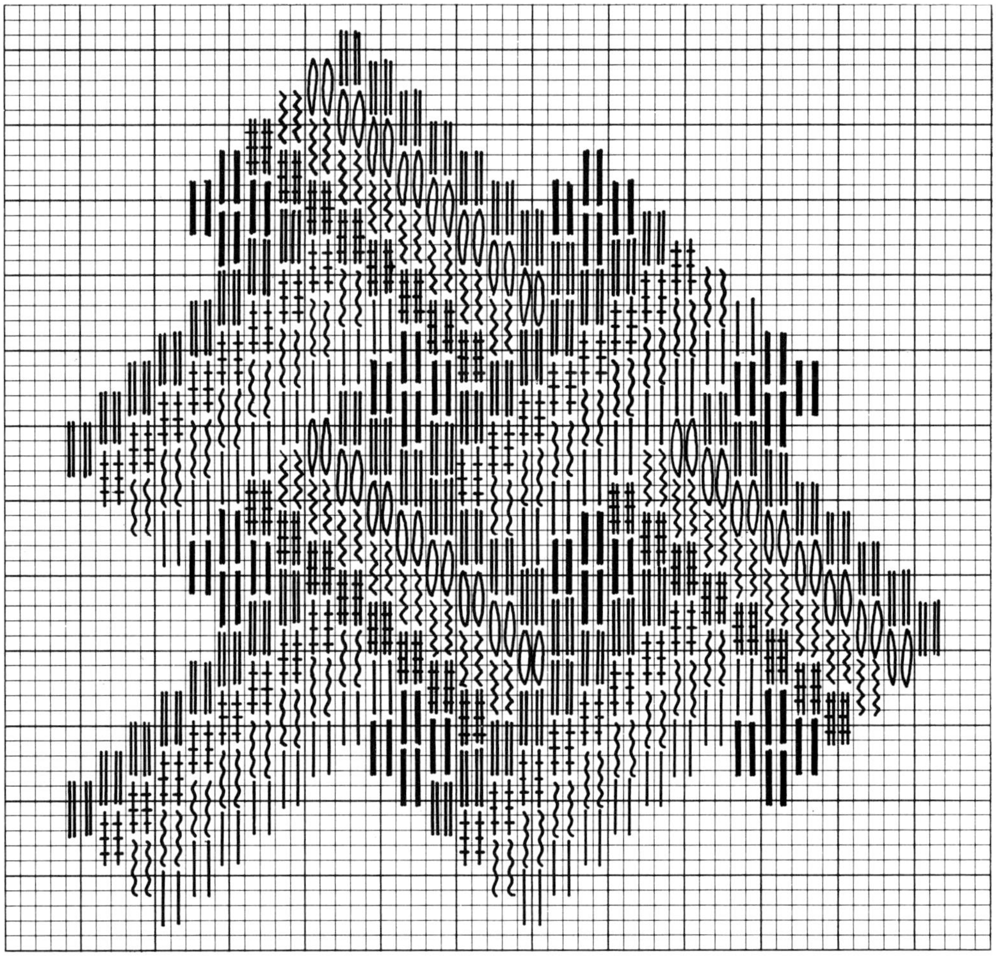

Um die Arbeit zu vereinfachen, sollten sie gleich der Reihe nach mit allen Farben beginnen. Wenn Sie einen Faden im Moment nicht benötigen, lassen Sie ihn vor dem letzten Stich oben auf der Arbeit hängen. Dann kann sich auf der Rückseite nichts verfilzen.

Tapisserie-Wolle:
| = Nr. 8904 Dunkles Grün
‖ = Nr. 8712 Helles Grau
ǂ = Nr. 8732 Helles Blau
⌇ = Nr. 8738 Blau
‖ = Nr. 8740 Dunkles Blau
= Nr. 8882 Dunkles Türkis
⌇ = Nr. 8878 Türkis
0 = Nr. 8874 Helles Türkis

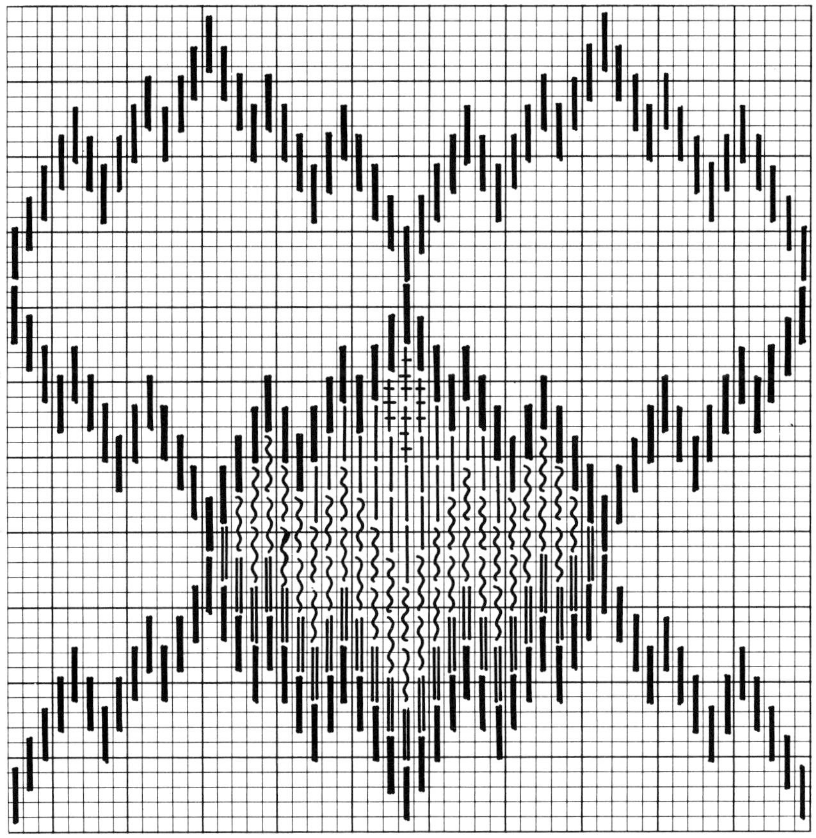

Man stickt zuerst einen größeren Teil der braunen Umrandung und füllt diese dann der Reihe nach aus.

Tapisserie-Wolle:

‖	=Nr. 9646	Braun	(9800)
‖	= Nr. 8062	Dunkles Gelb	(9564)
⌇	= Nr. 8060	Mittleres Gelb	(9560)
|	= Nr. 8058	Helles Gelb	(9554)
ǂ	= Nr. 8880	Grün	(9522)

Dieses Muster finden Sie auf dem Klavierhocker wieder (Foto S. 4). Die Farben wurden passend zu einem modernen, mehrfarbigen Klavier gewählt (Farbangaben oben in der Klammer).

Durch die sanfte Farbabstufung in sechs Grüntönen wirkt dieses Muster unglaublich plastisch!

Tapisserie-Wolle:
| = Nr. 8422 Rot
⌇ = Nr. 9072 Hellstes Grün
‖ = Nr. 9074
ǂ = Nr. 9076
‖ = Nr. 9078
# = Nr. 9080 bis
0 = Nr. 9082 Dunkelstes Grün
⌇ = Nr. 8006 Weiß

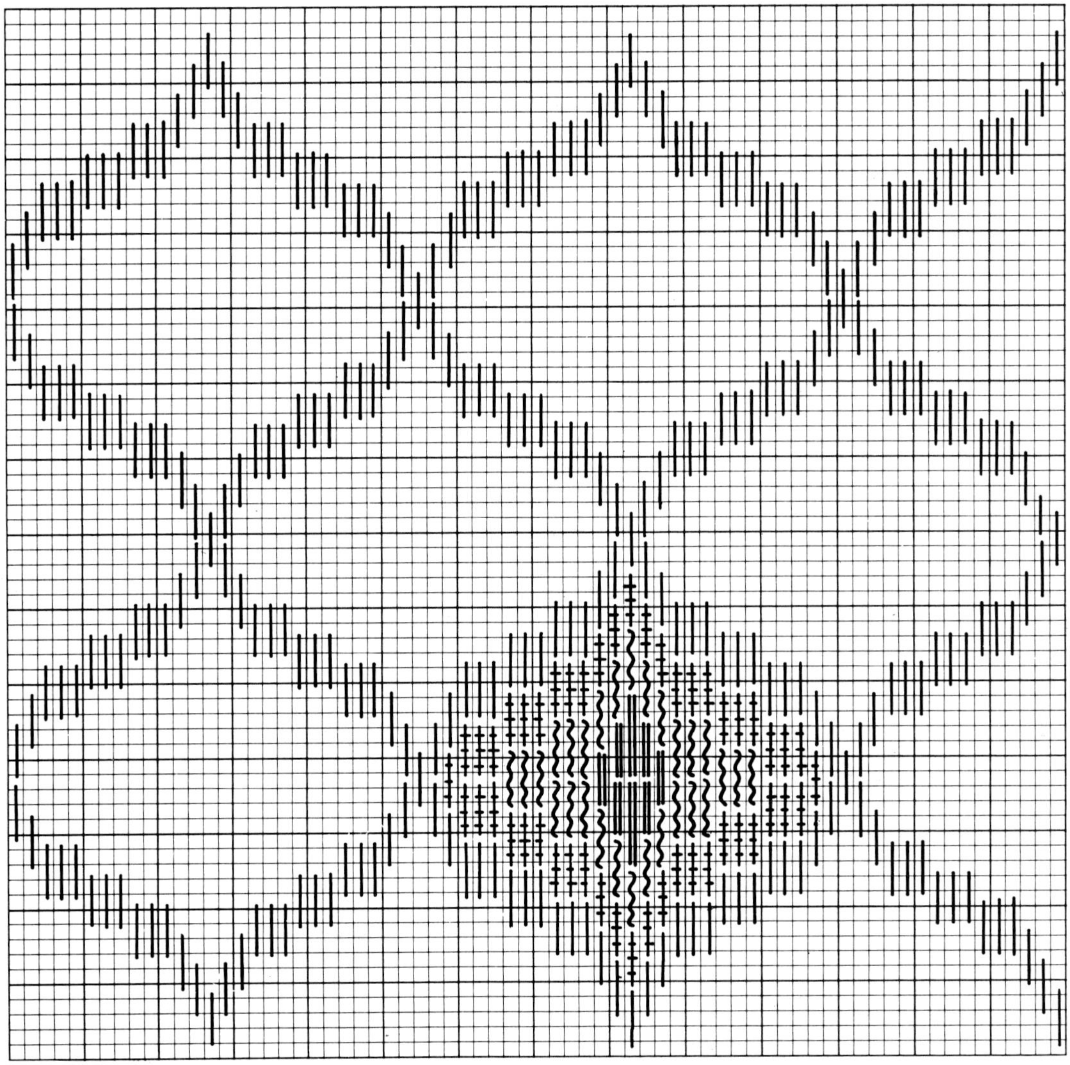

Tapisserie-Wolle:
| = Nr. 8904 Dunkles Grün
ǂ = Nr. 8550 Lila
⌇ = Nr. 8544 Helles Lila
‖ = Nr. 8878 Türkis

Tapisserie-Wolle:
| = Nr. 8706 Dunkles Grau
⌇ = Nr. 8704 Mittleres Grau
‖ = Nr. 8702 Helles Grau
ǂ = Nr. 8794 Dunkles Blau
‖ = Nr. 8788 Helles Blau

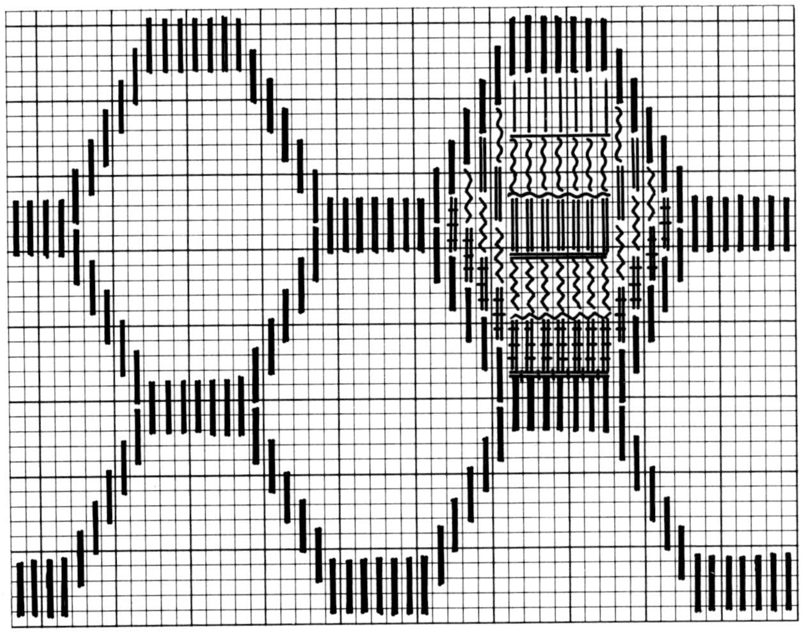

Man stickt zuerst eine größere Fläche der schwarzen Umrandung und füllt dann die Rhomben abwechselnd rot oder grün aus. Unter den mittleren 7 Fäden wird mit derselben Farbe jeweils ein waagerechter Stich über 6 Fäden ausgeführt.

Tapisserie-Wolle:

‖	= Nr. 9800	Schwarz
|	= Nr. 8342	Hellstes Rot
	= Nr. 9254	Hellstes Grün
⌇	= Nr. 8364	Helles Rot
	= Nr. 9258	Helles Grün
‖	= Nr. 8368	Mittleres Rot
	= Nr. 9262	Mittleres Grün
⌇	= Nr. 8350	Dunkles Rot
	= Nr. 9264	Dunkles Grün
‡	= Nr. 8354	Dunkelstes Rot
	= Nr. 9208	Dunkelstes Grün

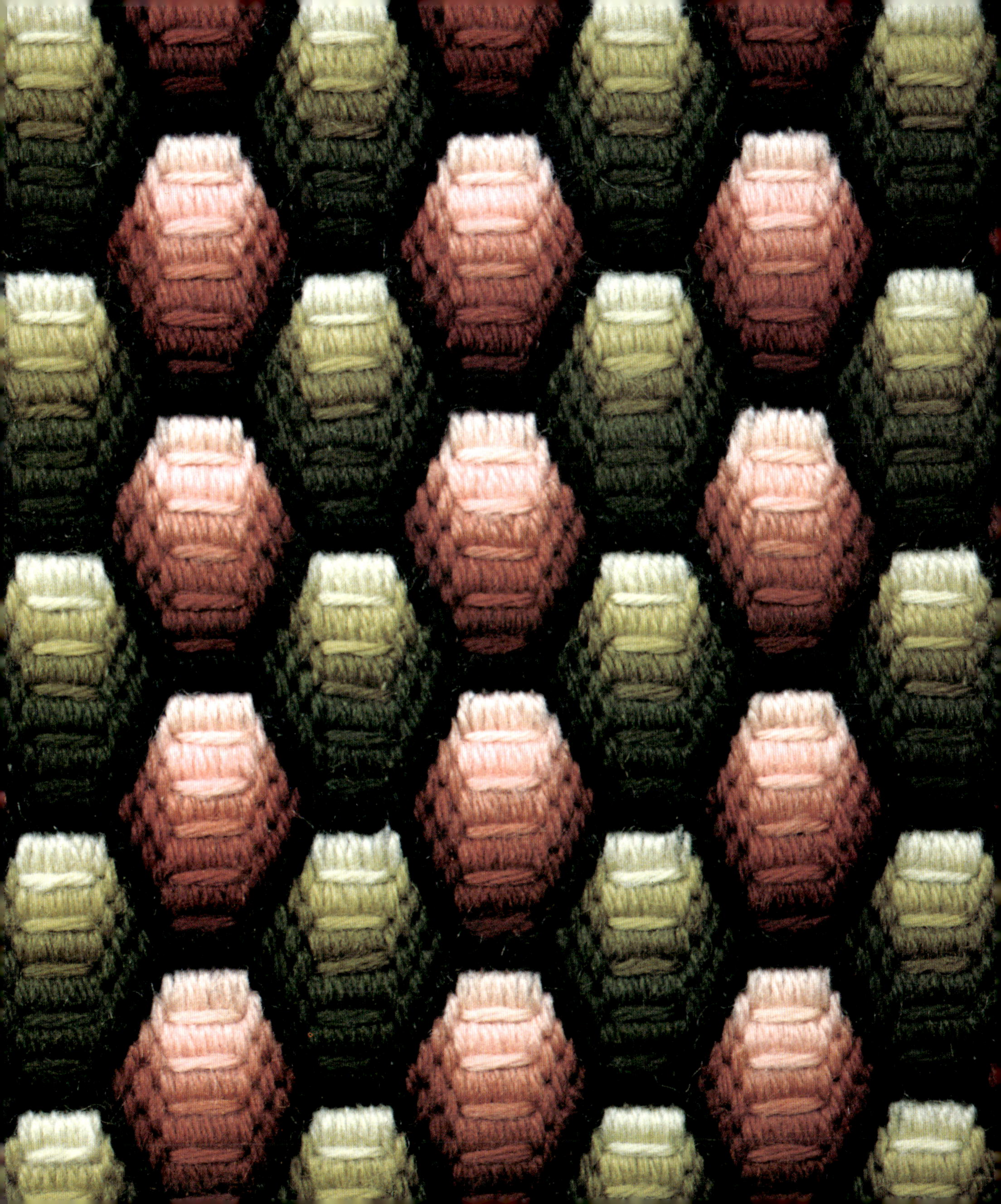

Man stickt zuerst eine größere Fläche der weißen Umrandung und füllt diese dann Farbe für Farbe aus.

Tapisserie-Wolle:
| = Nr. 8002 Weiß
⌇ = Nr. 8904 Dunkles Türkis
‖ = Nr. 8882 Türkis
ǂ = Nr. 8878 Helles Türkis
‖ = Nr. 8874 Hellstes Türkis
ǂ = Nr. 8712 Grau
0 = Nr. 8350 Rot

Gotische Muster

Die gotische Abtei San Galgano wurde 1201 von Zisterziensern gegründet und 1652 wieder aufgegeben. Trotz Ihres Verfalls ist sie sehr eindrucksvoll und eine der malerischsten Ruinen in Italien.

Zuerst stickt man die dunkelblaue Umrandung und füllt dann Rhombe für Rhombe aus.

Tapisserie-Wolle:
‖ = Nr. 8838 Dunkles Blau
⌇ = Nr. 8834 Mittleres Blau
ǂ = Nr. 8814 Helles Blau
| = Nr. 8002 Weiß

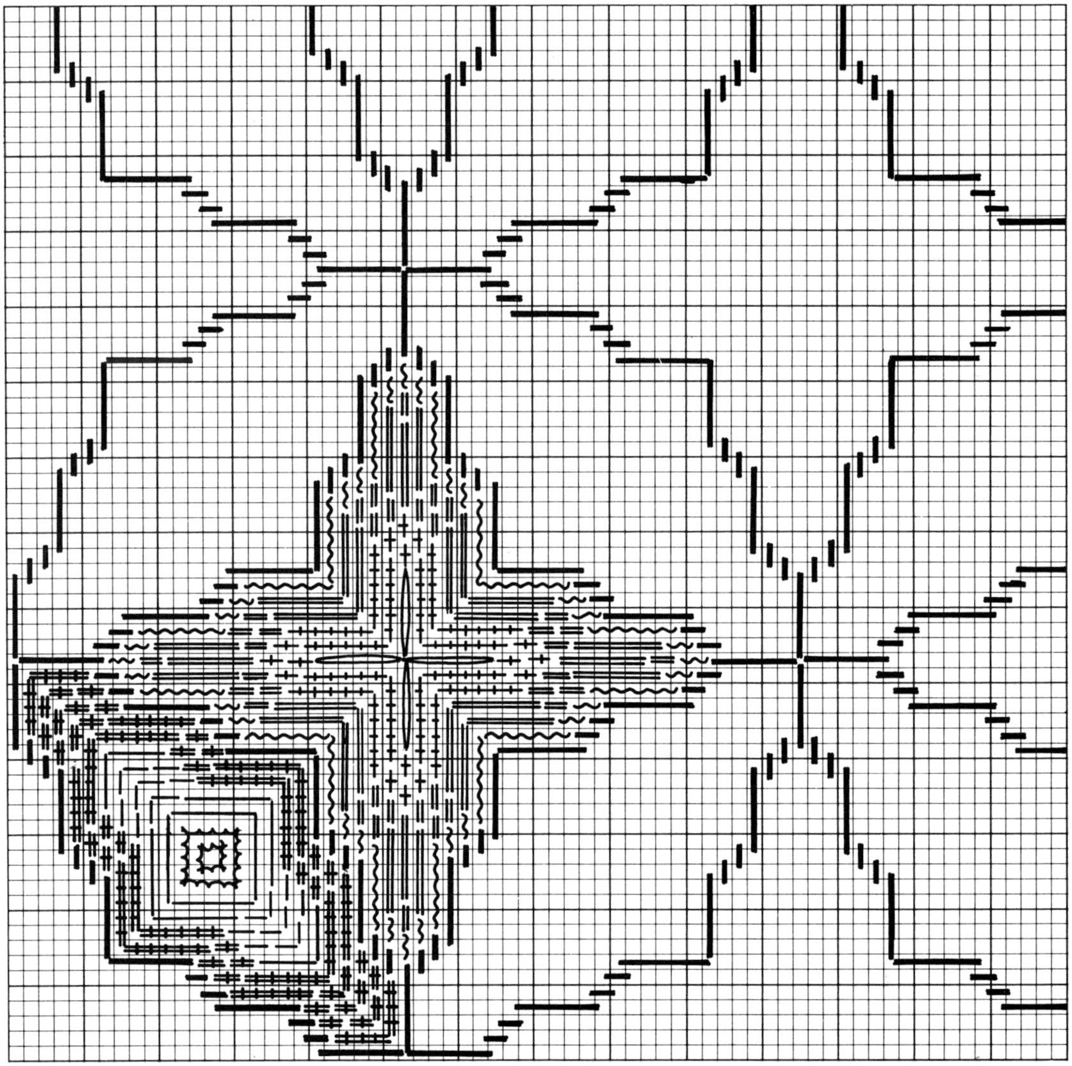

Sticken Sie zuerst eine größere Fläche der dunkelgrünen Umrandungen! So können Sie schnell feststellen, ob Sie sich irgendwo verzählt haben sollten. Innerhalb der Flächen verzählt man sich nicht mehr so leicht.

Tapisserie-Wolle:
- ‖ = Nr. 9082 Dunkles Grün
- ‡ = Nr. 9076 Mittleres Grün
- | = Nr. 9072 Helles Grün
- ⦚ = Nr. 8032 Weiß
- ⦚ = Nr. 8544 Helles Lila
- ‖ = Nr. 8548 Mittleres Lila
- ⫲ = Nr. 8550 Dunkles Lila
- 0 = Nr. 9800 Schwarz

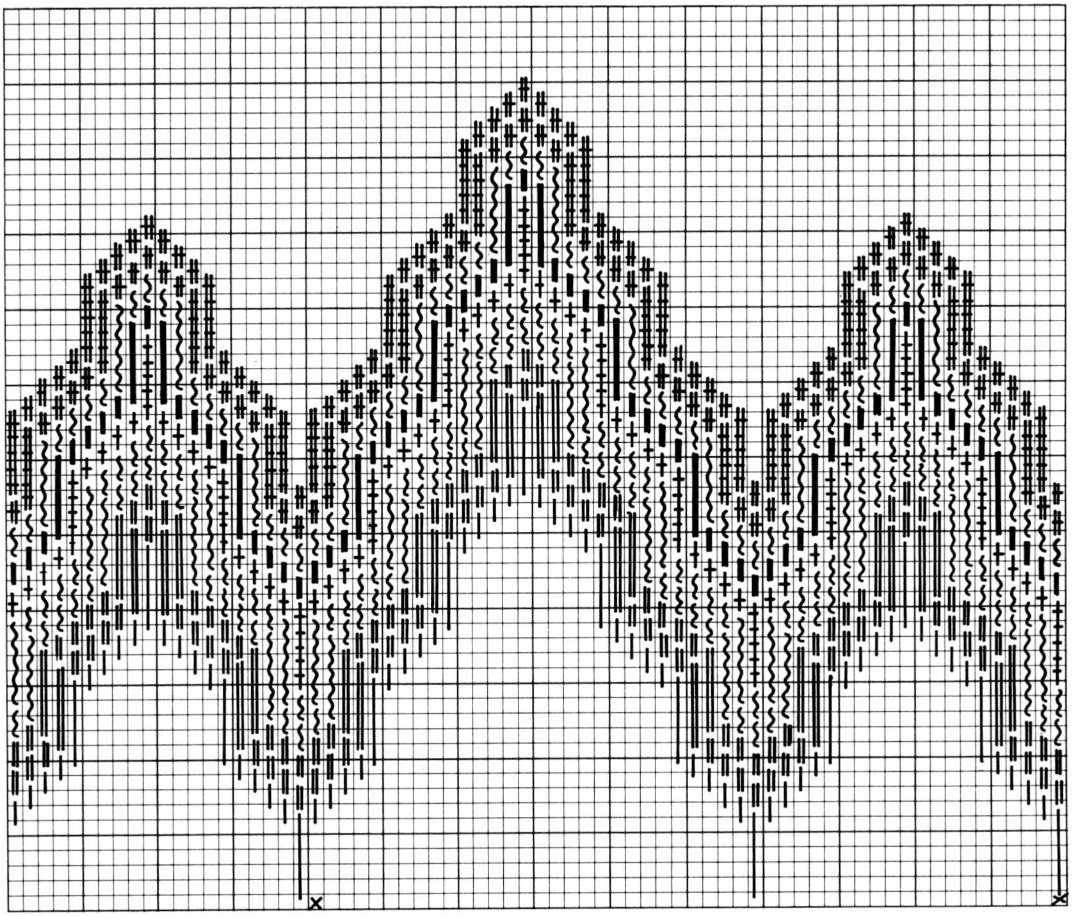

Tapisserie-Wolle:
| = Nr. 8002 Weiß
‖ = Nr. 8732 Helles Blau
⌇ = Nr. 8738 Mittleres Blau
ǂ = Nr. 9072 Helles Grün
▮ = Nr. 9076 Grün
‡ = Nr. 8740 Dunkles Blau

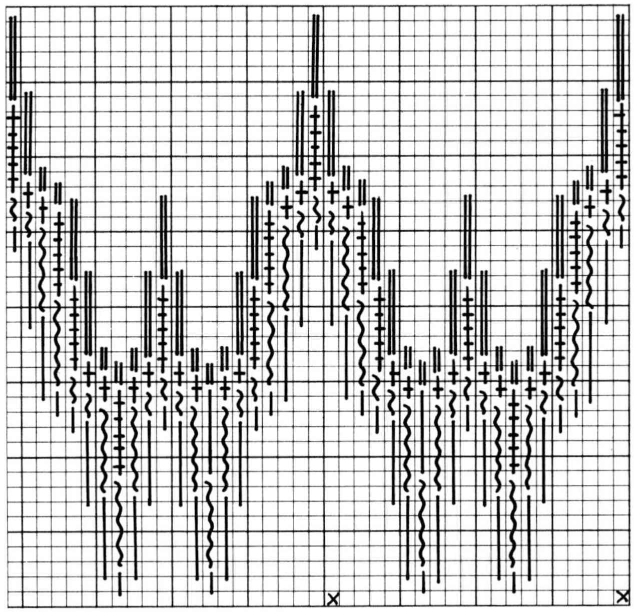

Die vier verschiedenen Stichreihen werden in gleicher Reihenfolge immer wiederholt.

Tapisserie-Wolle:

Rot	Nr. 8346
Helles Blau	Nr. 8834
Mittleres Blau	Nr. 8836
Dunkles Blau	Nr. 8838
Helles Grün	Nr. 9072
Mittleres Grün	Nr. 9076
Dunkles Grün	Nr. 9080
Mittleres Grün	Nr. 9076
Helles Grün	Nr. 9072
Dunkles Blau	Nr. 8838
Mittleres Blau	Nr. 8836
Helles Blau	Nr. 8834

Zackenmuster

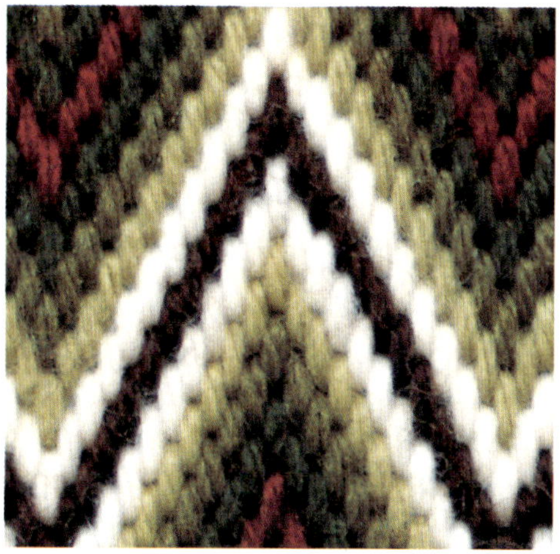

Fast die ganze Stadt San Gimignano ist mit Terracottaplatten gepflastert. Die Straße neben dem Dom hat ein Zackenmuster, das von Marmorstreifen unterbrochen wird.

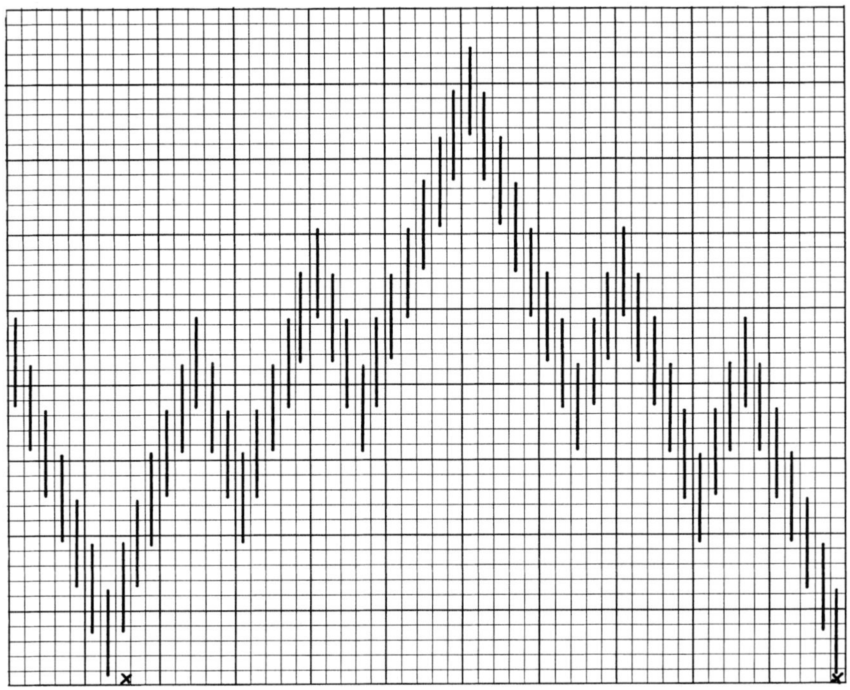

Wie „bewaldete Berge“, die aus dem Nebel auftauchen, sieht dieses Muster aus. Stellen sie es auf den Kopf, dann sind die „Berge verschneit“. Der Stuhl auf dem Foto S. 96 wurde damit bestickt.

Tapisserie-Wolle:

Hellstes Grün	Nr. 9252
	Nr. 9254
	Nr. 9256
	Nr. 9258
	Nr. 9260
	Nr. 9262
bis	Nr. 9264
Dunkelstes Grün	Nr. 9266

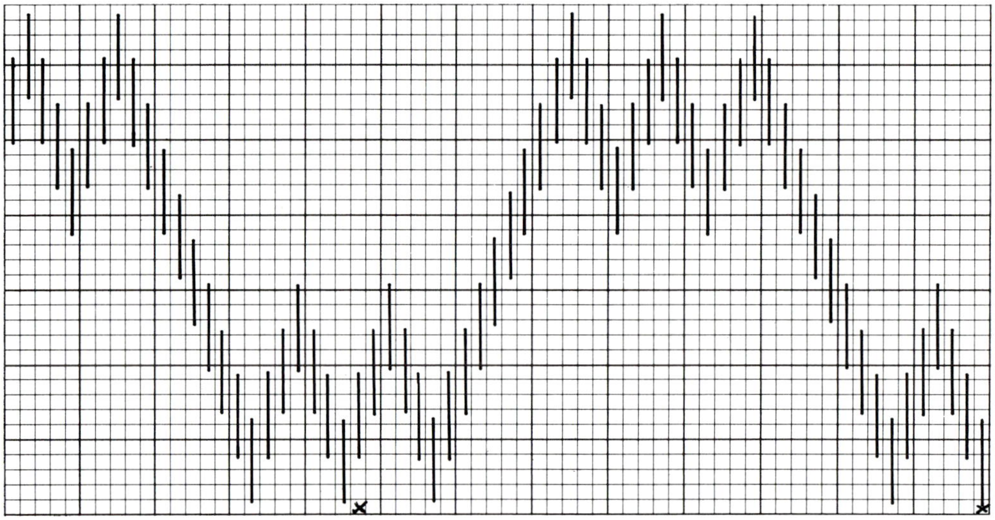

Dieses Muster sah ich zufällig in Italien als Strickmuster auf einer sehr teuren Jacke wieder.

Tapisserie-Wolle:

Dunkelstes Grün	Nr. 9082
Dunkles Grün	Nr. 9080
Mittleres Grün	Nr. 9076
Helles Grün (2 mal)	Nr. 9072
Rot	Nr. 8350
Rosa	Nr. 8342

Verschwommen und flächig sieht das Muster aus, wenn man es mit laufenden Farbtönen stickt.

Sticktwist:

Hellstes Blau	Nr. 847
	Nr. 848
	Nr. 850
bis	Nr. 779
Dunkelstes Blau	Nr. 851
Rot	Nr. 42

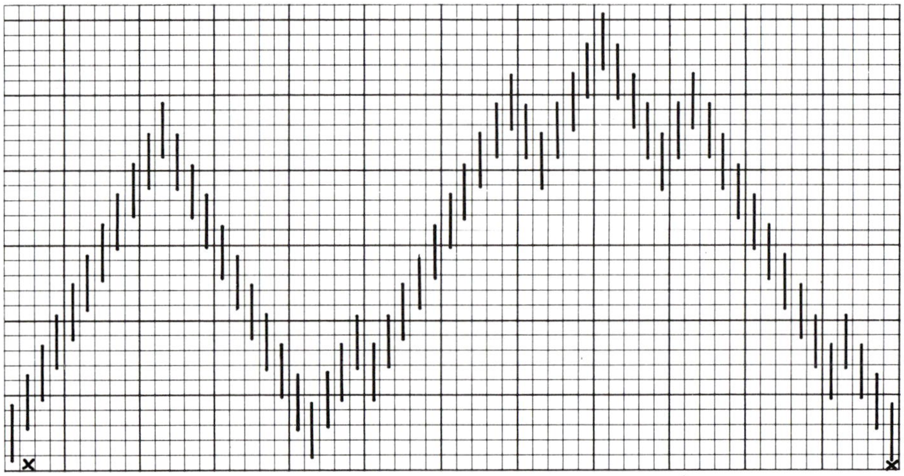

Tapisserie-Wolle:

Weiß	Nr. 8032
Helles Blau	Nr. 8732
Mittleres Blau	Nr. 8738
Dunkles Blau	Nr. 8740
Lila	Nr. 8548
Dunkles Blau	Nr. 8740
Mittleres Blau	Nr. 8738
Helles Blau	Nr. 8732

Über 6 Fäden, um 3 Fäden versetzt gestickt, wirkt das Muster viel verschwommener und es erinnert an marmoriertes Papier.

Stickwist:

Dunkelstes Rot	Nr. 972
	Nr. 970
	Nr. 969
bis	Nr. 968
Hellstes Rosa	Nr. 1026

Dieses Muster sieht zwar recht einfach aus, aber man kann sich sehr leicht verzählen. Passen Sie deshalb gut auf!

Tapisserie-Wolle:
ǂ = Nr. 8354 Rot
‖ = Nr. 9800 Schwarz
= Nr. 8046 Dunkles Gelb
⌇ = Nr. 8038 Helles Gelb
‖ = Nr. 8838 Dunkles Blau
| = Nr. 8832 Helles Blau

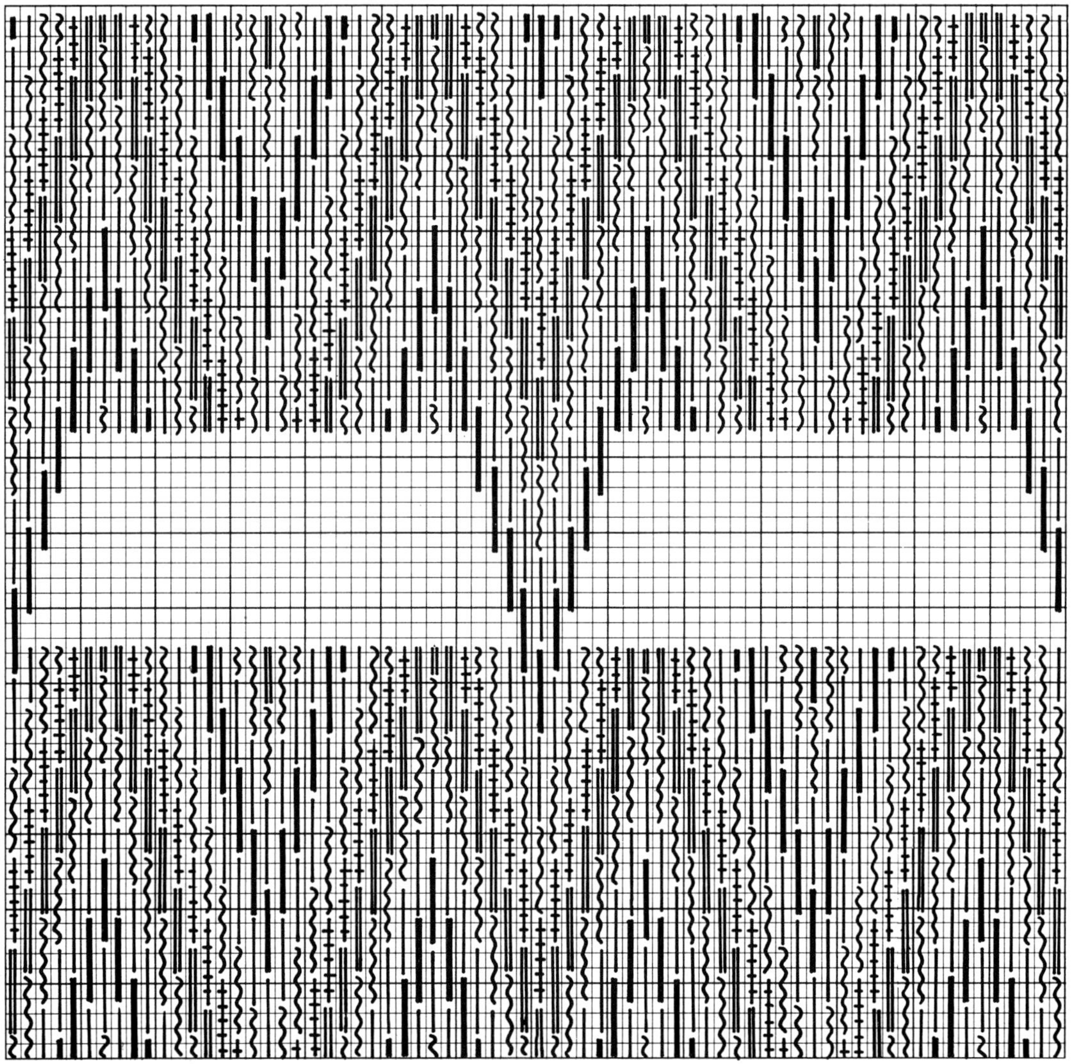

Sticken Sie zuerst die Zacken. In die frei gebliebenen Flächen werden dann die Bänder (siehe kleine Zeichnung) eingefügt.

Kleine Zeichnung:
| = Nr. 8368 Helles Rot
⌇ = Nr. 8350 Mittleres Rot
‖ = Nr. 8354 Dunkles Rot

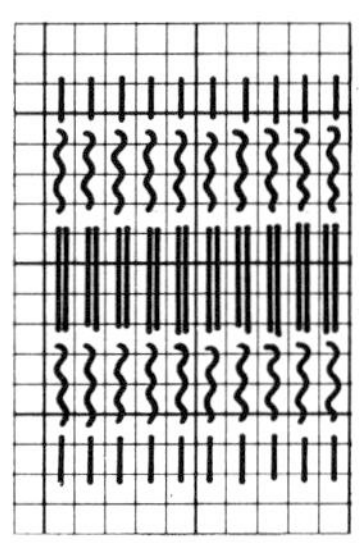

Tapisserie-Wolle:
‖ = Nr. 9664 Braun
| = Nr. 9254 Hellstes Grün
⌇ = Nr. 9258 Helles Grün
‖ = Nr. 9262 Mittleres Grün
ǂ = Nr. 9264 Dunkles Grün

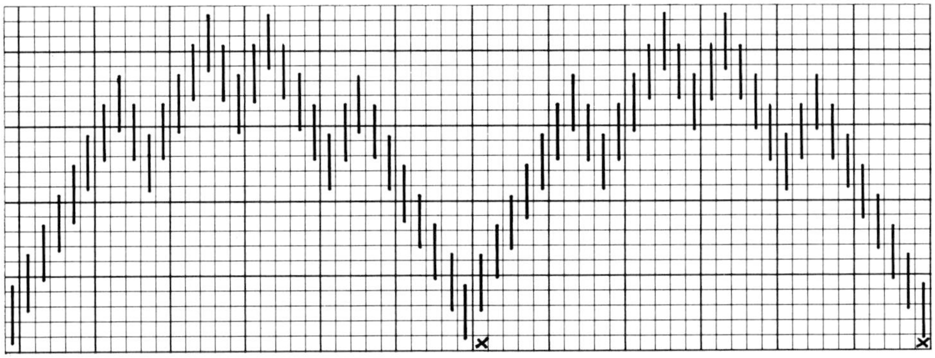

Tapisserie-Wolle:	
Dunkelstes Grün	Nr. 9208
Dunkles Grün	Nr. 9264
Mittleres Grün	Nr. 9262
Helles Grün	Nr. 9258
Hellstes Grün	Nr. 9254

Über 6 Fäden, um 3 Fäden versetzt und auf den Kopf gestellt, sehen die Zacken wie Bögen aus.

Sticktwist:	
Hellstes Blau	Nr. 1031
	Nr. 1032
	Nr. 1033
bis	Nr. 1034
Dunkelstes Blau	Nr. 1035
Rosa	Nr. 972

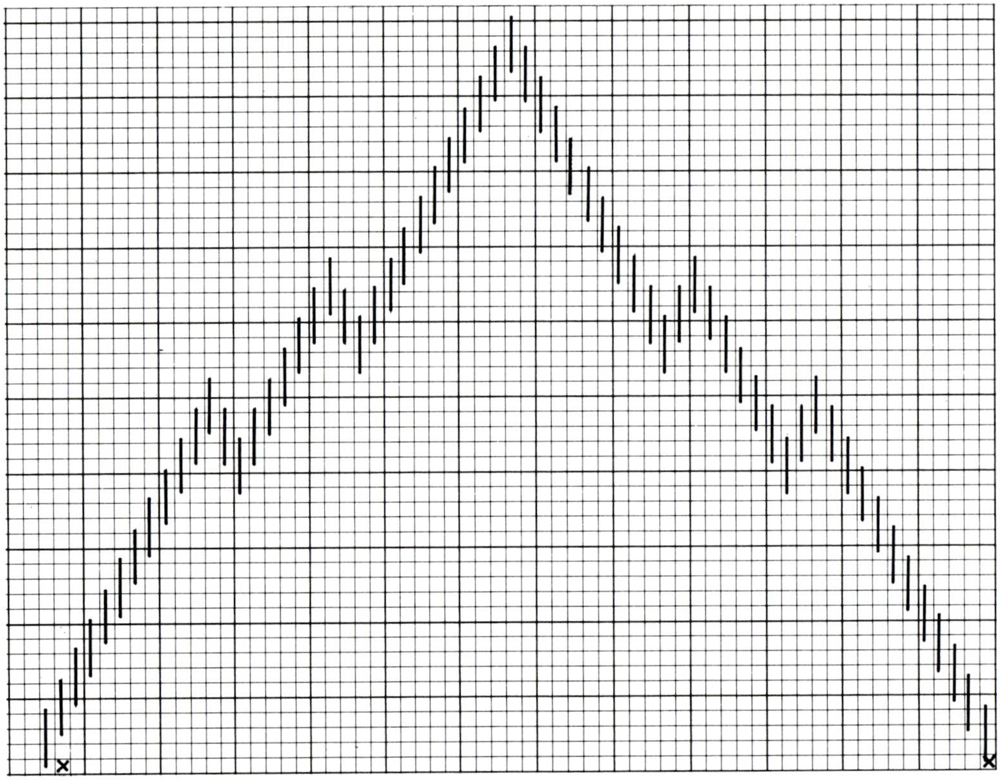

Wie eine edle Holzmaserung wirkt hier das Muster. Es wurde über 6 Fäden, um 3 Fäden versetzt in laufenden Rosenholztönen gestickt.

Tapisserie-Wolle:

Rot	Nr. 8354
Dunkles Grün	Nr. 9264
Mittleres Grün	Nr. 9262
Helles Grün	Nr. 9258
Weiß	Nr. 8032
Braun	Nr. 9664

Sticktwist:

Hellstes	Nr. 1011
	Nr. 1012
	Nr. 9575
	Nr. 337
	Nr. 1013
bis	Nr. 5975
Dunkelstes Rosenholz	Nr. 1014

Literaturverzeichnis

Harriet Bridgeman und Elizabeth Drury: Geschichte der Textilkunst, Ravensburg 1980
Thérèse de Dillmont: Encyklopaedie der weiblichen Handarbeiten.
Originalgetreuer Nachdruck der deutschen Ausgabe von 1908, Ravensburg 1983
Bertha Schwetter: Lehrbuch der weiblichen Handarbeiten, Band II, Leipzig 1937
Martyn Thomas: Bargello, Ravensburg 1977

Die Verfasserin bedankt sich bei der Firma Kolmsperger Handarbeiten, München Oberanger, für die freundliche Zusammenarbeit und bei der Firma Coats Mez, Kenzingen, dafür, dass ihr die Stickwolle zur Verfügung gestellt wurde.

Erstmals erschienen 1986 unter dem Titel: "Florentiner Stickerei"
Vollständig überarbeitete und ergänzte Auflage

Die Stickereien und die Musterzeichnungen wurden von Barbara Müller angefertigt.
Die Fotos auf Seite 14 stammen von Fritz Höllerer, Stockdorf.
Jörg Esche, Gauting, fotografierte die Stickmuster. Alle übrigen Abbildungen und die Toskana-Impressionen fotografierte die Verfasserin.

Satz: Simon Print Medien Service, Rosenheim
Lithografie: Fischer Repro Technik GmbH, Frankfurt/Main
Druck/Bindung: Graphicom Srl, Italien

ISBN 3-475-52879-7

Anchor *Sticktwist*

Anchor *Sticktwist!* Für wertvolle, farbenprächtige Handarbeiten. 444 wunderschöne Farben mit seidig schimmerndem Glanz setzen Ihrer Phantasie keine Grenzen. Das hochwertige Stickgarn aus reiner Baumwolle, mercerisiert, ist sechsfädig, leicht teilbar und somit ausgezeichnet verarbeitbar.

1	914	75	111	9159	245	933	1217
2	1007	76	112	159	246	376	1243
275	1009	77	1030	160	1044	378	1219
386	880	78	939	1038	259	379	1220
300	881	60	940	1039	260	361	1202
301	882	62	941	161	261	362	1203
302	883	63	175	162	262	363	1204
303	884	65	176	164	263	365	1206
304	336	1026	177	410	264	1046	1200
1002	337	968	178	433	265	1045	1201
1001	338	969	120	928	266	1010	1207
292	339	970	121	167	267	1047	1209
293	340	972	122	168	268	1048	1208
295	341	66	123	169	269	1049	1212
297	1011	68	127	170	253	351	1211
298	1012	69	136	185	254	352	1210
288	868	1028	137	186	255	936	1213
289	9575	70	139	187	256	347	1214
290	1013	72	140	188	257	349	1215
291	5975	892	142	189	258	355	1216
305	1014	893	143	203	238	357	1218
306	1020	894	975	204	239	276	1223
307	1021	895	976	205	278	366	
308	1022	1027	977	230	279	367	
309	1023	896	978	206	280	368	
310	1024	897	979	208	281	369	
891	1025	1016	128	209	924	370	
890	23	1017	129	210	842	371	
901	24	1018	130	211	843	358	
311	25	1019	131	212	844	359	
313	26	869	132	213	845	360	
314	27	870	133	214	846	380	
316	28	871	134	215	681	381	
1003	29	872	144	216	852	382	
323	31	873	145	217	853	926	
324	33	103	146	218	854	387	
326	35	90	147	683	855	388	
1004	19	92	148	1042	856	390	
328	20	94	149	875	942	391	
329	22	85	150	876	943	392	
330	36	86	152	877	944	393	
332	38	87	1031	878	956	899	
333	39	88	1032	879	945	903	
334	55	89	1033	858	874	905	
335	57	1029	1034	859	907	900	
46	59	95	1035	860	277	1040	
9046	48	96	1036	861	885	8581	
47	49	97	1037	862	886	273	
1006	50	98	343	225	887	1041	
1005	52	99	920	226	888	231	
6	54	100	921	227	889	232	
8	40	101	922	228	830	233	
9	41	102	847	229	831	401	
10	42	119	274	923	832	397	
11	43	118	848	1043	898	234	
13	44	117	849	240	372	398	
1015	45	342	850	241	373	399	
778	271	108	779	242	374	235	
4146	73	109	851	243	375	400	
1008	74	110	158	244	906	236	
					1050	403	

Mögliche Farbabweichungen sind drucktechnisch bedingt. Originalfarbenkarte Nr. 444 erhalten Sie im Fachhandel.

95 Ⓟ Made by Coats Mez

Coats Mez · 79337 Kenzingen · Tel. 0 76 44/802-222 · Fax 0 76 44/802-300